Le Contrôle de gestion en Questions

Programme DCG 11

Aldo Lévy

Gualino

lextenso éditions

Le DCG en Questions

1 livre conforme au programme de chaque épreuve
pour valider vos connaissances par des QCM

Collection dirigée par **Aldo Lévy**
Professeur des Universités
Cnam Paris
Associate professor ISC School of Management

Aldo Lévy est également l'auteur
du présent ouvrage

70, rue du Gouverneur Général Éboué
92131 Issy-les-Moulineaux cedex
ISBN 978 - 2 - 297 - 03056 - 4

Cet ouvrage couvre totalement le programme de l'**UE 11 – Contrôle de gestion** du **Diplôme de Comptabilité et de Gestion** (DCG) des études de l'expertise comptable. Il s'inscrit également dans le cadre des programmes des **Écoles Supérieures de Commerce** et des **Universités** qui enseignent ces matières.

Tous ces programmes sont fondés sur des **savoirs théoriques** et des **savoir-faire pratiques**.

Aujourd'hui, la place du « calculatoire » s'estompe (compte tenu de la puissance des outils dont l'étudiant et le professionnel ont maintenant l'habitude de se servir) au profit de la réflexion scientifique, de préconisations, d'aides à la prise de décision, d'avis et de commentaires pertinents, etc., tous exercices qui ne peuvent être réussis que grâce à une excellente possession des savoirs théoriques du programme ainsi qu'à leur maîtrise face aux situations rencontrées.

Pour passer avec succès des savoirs théoriques au bx savoir-faire pratiques, c'est-à-dire de votre cours à des exercices pratiques, vous devez au préalable **tester le niveau de vos connaissances**, comme il vous faut, avant l'examen de la « conduite » du permis de conduire, **valider vos connaissances par des QCM**.

Avec ce livre, vous saurez évaluer vos connaissances. Vous allez connaître vos savoirs et vos lacunes. Vous pourrez alors agir avec efficacité… **pour mieux réussir votre épreuve**.

L'UE 11 du DCG est consacrée au Contrôle de gestion ; son enseignement et son épreuve de validation ont les caractéristiques suivantes :

Niveau	Licence
Nombre d'heures d'enseignement	210
Durée de l'épreuve	4 heures
Coefficient	1,5
Nombre d'ECTS	18
Nature de l'épreuve	Épreuve écrite portant sur l'étude d'une ou de plusieurs situations pratiques et/ou un ou plusieurs exercices et/ou une ou plusieurs questions

Pour chaque question posée,
*il n'y a qu'**une seule bonne réponse** parmi les 4 propositions*

À mes avocates que j'aime Sarah et Noémie

1
Positionnement du contrôle de gestion et identification du métier

Explications, p. 15

1 Le contrôle de gestion :

- ❑ a. est pour Anthony : « le processus par lequel les managers obtiennent l'assurance que les ressources sont obtenues et utilisées de manière efficace et efficiente pour la réalisation des objectifs de l'organisation »
- ❑ b. est défini par Fayol comme « l'une des 5 fonctions principales de la direction avec la planification, l'organisation, le commandement et la coordination »
- ❑ c. a été transformé en « contrôle financier » par Sloan
- ❑ d. les trois réponses sont exactes

2 Le contrôle de gestion :

- ❑ a. est un ensemble de procédures qui a pour but de permettre à la direction de s'assurer que les objectifs sont atteints de manière efficace et efficiente
- ❑ b. doit s'assurer que le comportement des individus est cohérent avec les objectifs de l'entité
- ❑ c. doit non seulement être appréhendé dans le sens de « vérification », mais aussi dans celui de « pilotage de l'organisation »
- ❑ d. les trois réponses sont exactes

3 Le contrôle de gestion :

- ❑ a. doit vérifier que la mise en œuvre de la stratégie de l'entreprise se décline correctement à tous les niveaux de l'organisation
- ❑ b. lors de la collecte des données, doit s'assurer de leur fiabilité puis les traiter pour en faire des informations afin de les comparer aux renseignements externes
- ❑ c. permet de valoriser certains postes des états financiers (bilan, compte de résultat, annexe) de la comptabilité financière
- ❑ d. les trois réponses sont exactes

4 Le contrôle de gestion fait la distinction entre efficacité, efficience et pertinence :

- ❑ a. l'efficience est l'atteinte des objectifs
- ❑ b. l'efficacité est la meilleure utilisation des ressources pour atteindre les objectifs
- ❑ c. la pertinence est la manière de répondre correctement à une question, c'est-à-dire aux questions relatives aux produits et aux services vendus
- ❑ d. les trois réponses sont inexactes

5 Le contrôle de gestion :

- ❑ a. retient finalement des objectifs valorisés
- ❑ b. doit maîtriser des données quantitatives et qualitatives pour parvenir à la pertinence financière
- ❑ c. distingue le court terme du long terme
- ❑ d. les trois réponses sont exactes

6 **Le contrôle de gestion classique est :**

- ❑ a. un processus par lequel les responsables s'assurent que les ressources sont utilisées de manière efficiente, donc forcément efficace
- ❑ b. un système de vérification mais sans sanction
- ❑ c. une aide à la maîtrise d'œuvre
- ❑ d. les trois réponses sont inexactes

7 **Dans une présentation systémique du contrôle de gestion, l'efficacité, c'est l'atteinte des :**

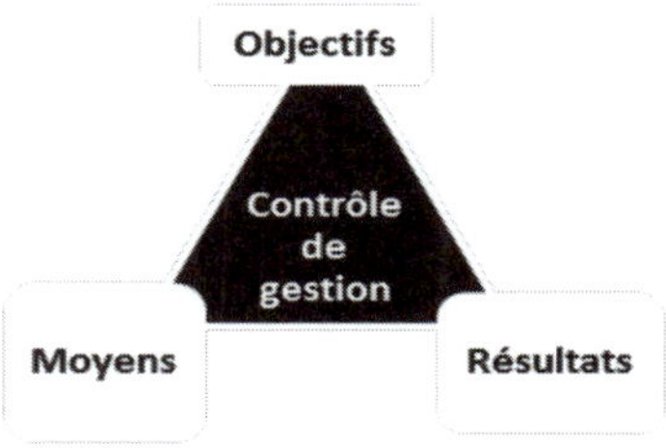

- ❑ a. Objectifs par les Résultats obtenus
- ❑ b. Résultats par les Moyens mis en œuvre
- ❑ c. Objectifs par les Moyens mis en œuvre
- ❑ d. les trois réponses sont inexactes

8 **Dans une présentation systémique du contrôle de gestion, l'efficience, c'est :**

- ❑ a. l'atteinte des Résultats par les Moyens mis en œuvre
- ❑ b. l'utilisation optimale des ressources humaines
- ❑ c. l'efficacité
- ❑ d. les trois réponses sont inexactes

9 **Dans une présentation systémique du contrôle de gestion, la pertinence, c'est l'atteinte des :**

- ❑ a. Objectifs par les Buts
- ❑ b. Résultats par les Moyens mis en œuvre
- ❑ c. Objectifs par les Résultats obtenus
- ❑ d. les trois réponses sont inexactes

10 **Dans le processus de contrôle de gestion :**

- ❑ a. la « planification » permet de passer des buts de l'organisation aux objectifs des opérationnels
- ❑ b. la « mesure » grâce à la mise en place d'indicateurs mesure les facteurs de succès et leurs variables
- ❑ c. le « contrôle », met en place l'analyse des écarts
- ❑ d. les trois réponses sont exactes

11 **Les niveaux de décision sont dits, selon R.N. Anthony :**

- ❑ a. stratégiques, quand ils portent sur des axes de développement choisis ; ils relèvent alors de la direction
- ❑ b. de gestion, s'ils concernent le déroulement des opérations courantes
- ❑ c. opérationnels, quand il s'agit de modalités pratiques de mise en œuvre de la stratégie
- ❑ d. les trois réponses sont inexactes

12 **Les limites du contrôle de gestion classique viennent du fait :**

- ❑ a. qu'il met en exergue un seul groupe d'acteurs, les dirigeants, et oublie les autres
- ❑ b. qu'il suppose une rationalité illimitée des acteurs
- ❑ c. que la coordination est hiérarchique, qu'elle se fait aussi par le marché par les prix de cession interne, et horizontalement entre centres
- ❑ d. les trois réponses sont inexactes

13 **Le processus de gestion implique les phases :**

- ❑ a. de prévisions budgétaires, pour indiquer la direction à prendre et le niveau de performance à atteindre
- ❑ b. d'évaluation des performances, grâce au système analytique ou à la comptabilité de gestion
- ❑ c. de contrôle budgétaire, caractérisé par le calcul et l'analyse des écarts entre les réalisations et les prévisions ajustées aux réalisations
- ❑ d. les trois réponses sont exactes

14 **Contrôle de gestion ou audit ?**

- ❑ a. le contrôle de gestion implique un diagnostic, au contraire de l'audit
- ❑ b. l'audit interne permet de vérifier dans les différentes entités si les procédures sont bien respectées
- ❑ c. l'audit externe n'existe pas dans les grandes entreprises
- ❑ d. les trois réponses sont inexactes

15 **L'audit :**

- ❑ a. légal est obligatoire pour les sociétés par actions ; il est réalisé par les commissaires aux comptes qui indiquent aux actionnaires si les états financiers établis par la direction sont fiables, mais sans juger les résultats obtenus et sans juger la gestion
- ❑ b. contractuel, il utilise les mêmes techniques que l'audit légal
- ❑ c. contractuel, il est réalisé hors obligation légale. Il est utile, par exemple, lors de l'achat d'une entreprise pour évaluer sa situation financière
- ❑ d. les trois réponses sont exactes

16 **Le contrôle interne :**

- ❑ a. est l'ensemble des principes et des procédures qui organisent le système comptable pour sauvegarder le patrimoine de l'entité et assurer la fiabilité de ses états financiers
- ❑ b. possède entre autres, pour fondement, le principe de la séparation des fonctions. Le cumul accentue le risque d'erreurs volontaires ou fortuites
- ❑ c. comme le contrôle de gestion, il peut aussi bien être chapeauté par la direction administrative et financière que rattaché directement à la direction générale
- ❑ d. les trois réponses sont exactes

17 **Le contrôleur de gestion n'est pas responsable de l'émission périodique :**

- ❑ a. des états de contrôle budgétaire analysant les écarts
- ❑ b. des tableaux de bord qui rendent consubstantiels les indicateurs financiers, non financiers, quantitatifs et qualitatifs, etc.
- ❑ c. des états de reporting permettant, par exemple, un suivi régulier des performances financières des filiales
- ❑ d. les trois réponses sont inexactes

18 **H. Mintzberg distingue 6 types de configurations où le contrôle a des spécificités identifiées dont :**

- ❑ a. « structures simples » avec un contrôle informel et une « supervision hiérarchique directe »
- ❑ b. « bureaucraties mécanistes » : grandes entreprises à activités répétitives (banques, assurances, industries, chimie, etc.), avec division du travail et maîtrisent des coûts
- ❑ c. « bureaucraties professionnelles » : le travail demande un haut niveau de qualification
- ❑ d. les trois réponses sont exactes

19 **H. Mintzberg distingue 6 types de configurations où le contrôle a des spécificités identifiées dont :**

- ❑ a. « adhocraties » : elles n'ont pas de normes et tout repose sur le travail de groupe. Les contrôles se font « par ajustement mutuel »
- ❑ b « structures divisionnaires » : grandes entreprises dans lesquelles la décentralisation de la gestion se fait par l'atteinte des résultats
- ❑ c. « structures hybrides » : les activités relèvent de l'adhocratie. Le système de contrôle est hybride
- ❑ d. les trois réponses sont exactes

20 **Le contrôle de gestion dans le secteur :**

- ❑ a. privé : l'objectif est de maximiser la valeur pour les actionnaires, donc le ratio (résultat / capitaux investis)
- ❑ b. privé : le contrôle de gestion est censé mettre sous « tension » l'entreprise pour atteindre la maximisation des résultats
- ❑ c. public, associatif, etc. : il faut mettre en place des procédures contre les dérapages budgétaires
- ❑ d. les trois réponses sont exactes

21 **La comptabilité de gestion est un outil d'aide à la décision utile pour le pilotage :**

- ❑ a. stratégique à long terme
- ❑ b. de la politique annuelle
- ❑ c. tactique au quotidien
- ❑ d. les trois réponses sont exactes

22 Un coût se définit par son champ d'application :

- ❑ a. la fonction économique (Administration, Production, Distribution, etc.)
- ❑ b. les moyens d'exploitation
- ❑ c. l'activité courante (ligne de produits, commandes, zones d'activité, etc.)
- ❑ d. les trois réponses sont exactes

23 Un coût se définit par son contenu :

- ❑ a. complet : l'objet de coût est associé à l'ensemble des charges qu'il mobilise
- ❑ b. variable : les charges de structure sont incluses
- ❑ c. marginal : on exclut les charges des derniers lots, séries, ou unités produites
- ❑ d. les trois réponses sont exactes

24 Un coût peut être :

- ❑ a. constaté, donc calculé *a priori* ; sa confrontation avec le coût préétabli est une base du contrôle budgétaire
- ❑ b. préétabli, donc calculé *a posteriori* en fonction de standards de production et de prévisions d'activité. Il permet la prévision budgétaire
- ❑ c. caché, car non révélé, comme les dysfonctionnements
- ❑ d. les trois réponses sont exactes

25 La comptabilité de gestion permet de :

- ❑ a. décomposer et analyser le résultat courant en fonction des flux internes
- ❑ b. valoriser les stocks d'immobilisations
- ❑ c. déterminer la rentabilité des investissements
- ❑ d. les trois réponses sont exactes

Explication des réponses

1. Bonne réponse : d

La réponse a est la définition d'Anthony ; la b est la définition de Fayol ; la c est la position de Sloan, PDG de General Motors, et de Brown, son directeur financier.

2. Bonne réponse : d

a. Les procédures sont les façons de procéder. Elles permettent d'atteindre les objectifs (efficacité) avec un minimum de moyens (efficience).
b. Les individus peuvent avoir des finalités différentes mais celles-ci doivent rester cohérentes avec les objectifs de l'organisation.
c. Le contrôle de gestion est la traduction de « *management control* » qui veut dire gestion, donc pilotage et vérification.

3. Bonne réponse : d

a. La stratégie décidée au niveau de la direction doit être déclinée à tous les niveaux de l'organisation ; c'est bien le rôle du contrôle de gestion.
b. Le reporting remonte des données de la comptabilité financière. Le contrôle de gestion les traite ensuite (budgets, écarts, tableaux de bord, etc.) pour en faire des informations qu'il remontera à la direction pour garder ou modifier le cap.
c. La comptabilité analytique calcule les stocks, la valeur des créations (immobilisations, logiciels, etc.), les sous-activités à intégrer dans les stocks, etc. Elle reste du domaine du contrôle de gestion.

4. Bonne réponse : c

a. L'efficience est l'atteinte des buts, donc des objectifs.
b. L'efficacité est la meilleure utilisation des ressources pour atteindre les objectifs.
c. Une société est pertinente lorsqu'elle répond aux attentes des clients.

5. Bonne réponse : d

a. Même si les données peuvent êtres qualitatives, le but est de construire un budget, donc forcément en valeur.
b. La qualité perçue est souvent affaire d'appréciation par le client externe et interne. Il en est de même du climat social, etc.
c. Les budgets sont annuels mais la stratégie est à long terme. Le contrôle de gestion doit rendre consubstantiels les deux horizons.

6. Bonne réponse : a

a. *Cf.* réponse question 4.
b. Le système de vérifications-sanctions existe depuis Taylor et reste encore d'actualité car, même si le contrôle de gestion accompagne, il doit aussi motiver.
c. Est une aide à la maîtrise de la gestion (sens littéral du contrôle de gestion). Il est maître d'œuvre car il gère pour le maître d'ouvrage (les propriétaires, les actionnaires).

7. Bonne réponse : a

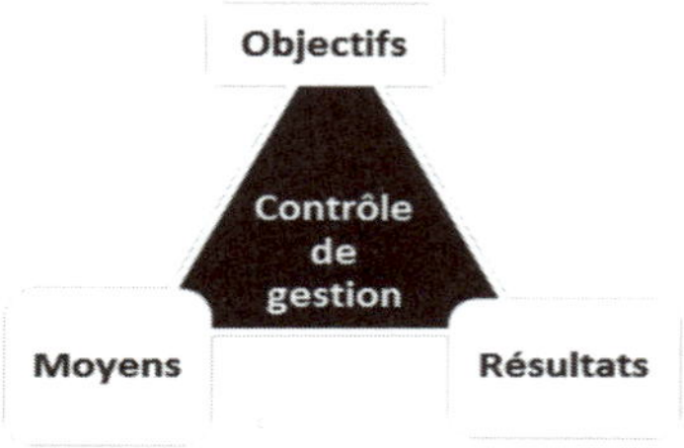

8. Bonne réponse : a

Cf. schéma de la réponse précédente.

9. Bonne réponse : d

La pertinence est la capacité d'une organisation à atteindre ses objectifs avec les moyens humains, matériels et financiers qu'elle a mis en œuvre.

10. Bonne réponse : d

Le processus de contrôle de gestion se déroule au moins selon ces 4 phases : prévision, action, contrôle, réaction.

11. Bonne réponse : a

b. Les décisions sont dites de gestion s'il s'agit de modalités pratiques de mise en œuvre de la stratégie dans les centres d'activité par le contrôle de gestion.

c. Les décisions sont qualifiées d'opérationnelles si elles concernent le déroulement des opérations quotidiennes courantes.

12. Bonne réponse : c

a. Le contrôle de gestion classique suit la ligne hiérarchique et applique la stratégie des dirigeants.

b. Il suppose une rationalité *limitée* des acteurs (*cf.* Herbert A. Simon) car ils choisissent la première solution satisfaisante et pas la solution optimale.

c. La coordination ne suit pas un processus hiérarchique mais se fait par le marché (*benchmark*), par les prix de cession interne, et entre centres.

13. Bonne réponse : d

Le processus suit le cycle d'activité qui ne s'arrête jamais. La prévision budgétaire alloue les moyens nécessaires pour atteindre les objectifs. En contrôle de gestion, la performance est évaluée et le contrôle budgétaire analyse les écarts entre réalisations et prévisions.

14. Bonne réponse : b

a. C'est l'inverse : l'audit implique un diagnostic.

c. Une entreprise peut faire appel à un cabinet de conseil pour avoir un audit général de sa situation ou un audit limité à une fonction particulière.

15. Bonne réponse : d

Le commissaire aux comptes est mandaté par les actionnaires pour auditer le travail des managers (*cf.* la théorie de l'agence de M. Jensen et W. Meckling sur l'asymétrie de l'information). Les autres formes d'audit peuvent être demandées hors contraintes légales.

16. Bonne réponse : d

Le contrôle interne est demandé par la direction pour maîtriser les opérations à risque (erreurs, fraudes). Pour qu'il y ait un contrôle efficace, il ne faut pas de cumul de fonctions. Le contrôle de gestion « corporate » peut dépendre de n'importe quelle direction.

17. Bonne réponse : d

En fait, la question est mise sous forme négative, ce qui rend ces réponses exactes comme « fausses ». Il suffit donc de modifier la question en disant que le contrôleur de gestion est bien responsable des trois éléments pour rendre le tout « vrai ».

18. Bonne réponse : d

a. Les « structures simples », pour les petites entreprises, où le contrôle est informel et fondé sur une « supervision hiérarchique directe » du patron.

b. Les « bureaucraties mécanistes » des grandes entreprises à activités répétitives (banques, assurances, industries, chimie, etc.), avec une division du travail et une standardisation poussée. La comptabilité de gestion et le contrôle budgétaire maîtrisent les coûts.

c. Les « bureaucraties professionnelles », où le travail demande un haut niveau de qualification, y est assuré par des praticiens très qualifiés et où on ne peut pas aisément instaurer un contrôle hiérarchique.

19. Bonne réponse : d

a. « adhocraties » : fondées sur l'innovation, la recherche et le développement, elles n'ont pas de normes. Les synergies et les contrôles se font par ajustements.

b « structures divisionnaires » : grandes entreprises et groupes diversifiés dans lesquels la décentralisation de la gestion se fait par l'atteinte des résultats. C'est moins l'analytique de gestion, que la comptabilité financière qui est le moyen de contrôle.

c. « structures hybrides » : les activités relèvent de « l'adhocratie », mais la production en grande diffusion relève de la bureaucratie mécaniste. Le système de contrôle est adapté donc hybride.

20. Bonne réponse : d

a. Les objectifs des secteurs public et privé sont les mêmes pour la minimisation des coûts.

b. Pour le privé, il faut rentabiliser l'investissement des actionnaires.

C. Pour le public, il faut améliorer l'offre de services au public.

21. Bonne réponse : d

a. La stratégie (long terme) de domination par les coûts (*cf.* M. Porter) relève du pilotage stratégique à long terme.

b. Le pilotage de la politique (court terme) est l'application des décisions stratégiques dans les *business units*.

c. Le pilotage des opérationnel (quotidien) permet la mesure de la performance par la gestion des comportements de ceux qui sont en charge des coûts, de la valeur créée pour les clients, etc.

22. Bonne réponse : d

Plusieurs éléments définissent un coût : son champ, son contenu et le moment de son calcul. Son champ couvre :

a. les activités principales (approvisionnement, production, distribution) et de support (administration, énergie, etc.) ;

b. le regroupement des charges en fonction du moyen qui les a suscitées (usine, atelier, machine, canal de distribution, etc.) ;

c. les activités d'exploitation, comme la production, les commandes, etc.

23. Bonne réponse : a

a. Plusieurs éléments constituent un coût. Son contenu est ce qui le compose, les charges qui le concernent. Si un coût est composé d'activités, comme dans la méthode du coût complet selon l'ABC, elles aussi se composent de charges.

b. C'est l'inverse : on exclut les charges de structure fixes.

c. C'est l'inverse : on inclut les charges relatives aux derniers lots, aux dernières séries ou aux dernières unités produites.

24. Bonne réponse : c

Un coût se définit par plusieurs éléments (*cf.* question précédente). Le moment de son calcul peut être préétabli (coût standard) ou *a posteriori* (pour savoir si on a dépassé ou non la prévision).

a. C'est l'inverse : un coût constaté est calculé *a posteriori* (à la fin).

b. C'est l'inverse : un coût préétabli est calculé *a priori*, en amont, avant le début du processus.

c. Tous les coûts ne sont pas apparents (dysfonctionnements, insatisfaction clients, climat social).

25. Bonne réponse : a

a. Résultat financier = Produits – Charges.

Coûts = somme des charges des activités ou des centres d'analyse.

b. Les immobilisations ne constituent pas un stock.

c. Le coût d'un investissement est financier.

2
Contrôle de gestion et modélisation d'une organisation

Explications, p. 30

2.1 Contrôle de gestion et théorie des organisations

26 **Pour Henry Fayol (1841-1925) :**

- ❑ a. le manager exerce 5 fonctions : Planifier, Organiser, Commander, Coordonner, Contrôler
- ❑ b. commander nécessite 8 devoirs dont : « bien connaître le personnel », « se débarrasser des incompétents », « connaître les contrats qui lient l'entreprise et ses agents »
- ❑ c. il y a 14 principes à respecter pour le bon fonctionnement de l'entreprise dont : autorité, discipline, unité de commandement
- ❑ d. les trois réponses sont exactes

27 **Pour Henry Fayol (1841-1925) :**

- ❑ a. son principe est d'optimiser la productivité du travail
- ❑ b. il a mis en place le travail à la chaîne
- ❑ c. il distingue le pouvoir et l'autorité
- ❑ d. les trois réponses sont exactes

28 **Pour Frederick W. Taylor (1856-1915) :**

- ❑ a. pour améliorer le rendement, il faut spécialiser le travail et adapter les outils au travail
- ❑ b. il faut développer la formation et l'entraînement en abaissant la courbe d'apprentissage
- ❑ c. le travail en équipe est contre productif
- ❑ d. les trois réponses sont exactes

29 **Pour Max Weber (1864-1920) :**

- ❑ a. il distingue l'autorité du prévoir
- ❑ b. il considère 4 systèmes d'autorité : charismatique, traditionnel, relationnel, légal
- ❑ c. l'autorité est justifiée par l'incompétence des individus à mettre en place le système
- ❑ d. les trois réponses sont inexactes

30 **Pour Elton Mayo (1880-1949) :**

- ❑ a. la qualité des rapports sociaux est à l'origine des gains de productivité
- ❑ b. la motivation est fonction de la quantité des relations sociales
- ❑ c. il s'agit de diriger le personnel et non gérer des ressources humaines
- ❑ d. les trois réponses sont exactes.

31 **Pour Richard Cyert (1921...) et James Gardner March (1928...) :**

- ❑ a. « Théorie béhavioriste de la firme » reconnue dès l'année 1963
- ❑ b. l'entreprise est formée d'un groupe d'intérêt unique
- ❑ c. les dirigeants laissent se constituer des blacks organisationnels
- ❑ d. les trois réponses sont inexactes

32 **Pour Ronald H. Coase (1910-2013) et Olivier E. Williamson (1935...) :**

- ❑ a. firme et marché sont deux formes de coordination
- ❑ b. un ensemble de contrats qui désunit personne
- ❑ c. si c'est le marché qui coordonne, cela évite les coûts de transaction
- ❑ d. les trois réponses sont inexactes

33 **Pour Octave Gélinier (1916-2004) :**

- ❑ a. il faut donner aux salariés des activités à accomplir et non des objectifs à atteindre
- ❑ b. la DPPO est la direction participative des objectifs
- ❑ c. la DPPO décourage la recherche de la qualité totale
- ❑ d. les trois réponses sont inexactes

34 **Pour John Nash :**

- ❑ a. la rhétorique des jeux est un facteur important pour la recherche des équilibres
- ❑ b. aucune position d'équilibre ne peut être trouvée
- ❑ c. on doit réfuter le « dilemme du prisonnier »
- ❑ d. les trois réponses sont inexactes

35 **Pour Douglas Mac Gregor (1906-1964) :**

- ❑ a. dans la théorie Y, le management est formé sur l'autorité
- ❑ b. les acteurs sont irrationnels
- ❑ c. dans la théorie X, la capacité d'initiative est développée
- ❑ d. les trois réponses sont inexactes

36 **Pour Igor Ansoff (1918-2002) :**

- ❑ a. la notion d'avantages comparatifs est importante
- ❑ b. les couples Produits-Marchés s'opposent aux Domaines d'Activité Stratégiques
- ❑ c. les options stratégiques sont indépendantes du rapport Forces-Faiblesses
- ❑ d. les trois réponses sont inexactes

37 **Pour Alfred Sloan (1875-1966) :**

- ❑ a. le principe de la décentralisation de la responsabilité doit être dénoncé
- ❑ b. une organisation doit être composée d'activités autonomes correspondant à un couple Marché-Produit
- ❑ c. il y a 4 catégories de dirigeants
- ❑ d. les trois réponses sont inexactes

38 **Pour Alfred Chandler (1918-2007) :**

- ❑ a. la culture suit la stratégie
- ❑ b. la structure suit la culture
- ❑ c. il existe une « main invisible des managers »
- ❑ d. les trois réponses sont inexactes

39 **Pour Frederick Emery (1925-1997) et Eric Trist (1909-1993) :**

- ❑ a. la technique et le social s'opposent
- ❑ b. il faut s'opposer au management participatif
- ❑ c. l'efficacité relève d'un compromis entre les contraintes des techniques d'informations et les conditions socioéconomiques du travail
- ❑ d. les trois réponses sont inexactes

40 **Pour Paul Lawrence (1923...) et Jay Lorsh (1932...) :**

- ❑ a. leur démarche est dans le courant de la contingence structurelle
- ❑ b. il n'existe pas de relation entre environnement et structure
- ❑ c. la base doit résoudre les conflits
- ❑ d. les trois réponses sont exactes

41 **Abraham Maslow (1908-1970) construit une structure pyramidale où se situe :**

- ❑ a. d'abord le besoin physiologique
- ❑ b. ensuite le besoin d'estime
- ❑ c. enfin le besoin de commander
- ❑ d. !es trois réponses sont inexactes

42 **Pour Michael C. Jensen (1939 ...) et William H. Meckilng (1932-1998) :**

- ❑ a. il y a séparation entre droit de propriété et exercice du pouvoir
- ❑ b. à cause de l'information parfaite, l'efficience des contrats n'est pas assurée
- ❑ c. la symétrie d'information entre les informations détenues par les propriétaires et les agents engendre la théorie de l'agence
- ❑ d. les trois réponses sont inexactes

43 **Pour Richard Nelson (1930...) et Sydney Winter :**

- ❑ a. ils parlent de la théorie révolutionniste de la firme
- ❑ b. les firmes évoluent mais ne sont pas soumises à une sélection naturelle.
- ❑ c. leur théorie se caractérise par l'innovation dans les produits, les processus et les formes d'organisation, puis les modalités d'apprentissage avec un rôle central accordé à l'innovation
- ❑ d. les trois réponses sont inexactes

44 **Pour Chris Argyris (1923-2013) et Donald Schön (1931-1997) :**

- ❑ a. l'apprentissage à simple boucle modifie le comportement des individus
- ❑ b. l'apprentissage à double boucle représente le choix des personnes et est fonction des réalisations qu'elles ont faites
- ❑ c. la direction doit créer les conditions d'apprentissage à simple boucle
- ❑ d. les trois réponses sont inexactes

45 **Pour Herbert Simon (1916-2001) :**

- ❑ a. la nationalité du décideur est limitée par : son incompétence, l'urgence du problème à résoudre et l'insuffisance des informations disponibles
- ❑ b. l'expérience et le statut du décideur sont insuffisants
- ❑ c. il y a convergence dans le raisonnement humain entre les décisions structurées et non structurées
- ❑ d. les trois réponses sont inexactes

46 **Pour Mickael Porter (1947...), il y a 5 forces principales dont :**

- ❑ a. les entrants de substitution
- ❑ b. les fournisseurs concurrents
- ❑ c. le pouvoir de négociation des fournisseurs
- ❑ d. les trois réponses sont inexactes

47 **Pour Mickael Porter, il y a 3 stratégies génériques :**

- ❑ a. la dénomination par les coûts
- ❑ b. la chaîne de valeur
- ❑ c. la concentration quand l'entreprise se focalise sur un segment
- ❑ d. les trois réponses sont inexactes

48 **Michel Crozier (1922...) :**

- ❑ a. montre l'intérêt du système bureaucratique
- ❑ b. est en accord avec le modèle de Weber
- ❑ c. pour lui, l'application de règles formelles fait partie du fonctionnement normal des organisations
- ❑ d. les trois réponses sont inexactes

49 **Peter Drucker (1909-2005) :**

- ❑ a. rompt avec le modèle de Taylor
- ❑ b. dénonce l'autocontrôle
- ❑ c. dit qu'une seule tâche incombe aux dirigeants fixer : les objectifs
- ❑ d. les trois réponses sont inexactes

50 **Pour Henry Mintzberg (1939...), la structure des organisations s'analyse en six composantes dont :**

- ❑ a. le sommet stratégique
- ❑ b. la technostructure
- ❑ c. l'idéologie
- ❑ d. les trois réponses sont exactes

51 **Pour Gary Hamel (1955 ...) et Krishnao Prahalad (1941...) :**

- ❑ a. les entreprises ne peuvent pas développer leurs activités de nombreuses manières durant plusieurs années
- ❑ b. les entreprises doivent élaborer une intension stratégique sur leur futur métier en développant des compétences de base
- ❑ c. l'entreprise est vue comme un ensemble de capacités distinctes qui constituent les compétences clés
- ❑ d. les trois réponses sont exactes

52 **Pour Henry Mintzberg, la typologie des structures est basée sur leur mode de coordination. Il distingue :**

❑ a. la structure simple où le dirigeant a tous les pouvoirs
❑ b. la bureaucratie mécaniste dominée par la technostructure
❑ c. la bureaucratie professionnelle avec une autonomie des centres opérationnels
❑ d. les trois réponses sont exactes

2.2 La construction des modèles de coûts

Cf. partie 3.2, page 41.

2.3 Le processus de production des informations nécessaires à la mise en œuvre du contrôle

Cf. partie 3.4, page 59.

2.4 La prise en compte de données aléatoires

53 **Probabilités, tirage avec remise. Une société donne à ses clients Internet un identifiant formé de 6 chiffres de 0 à 9. Avec la formule « PUISSANCE », le nombre d'identifiants possibles est de :**

❑ a. 1 000 000
❑ b. 100 000
❑ c. 10 000 000
❑ d. les trois réponses sont inexactes

54 **Probabilités, combinaisons. On doit choisir 2 produits à présenter dans une gamme de 5 produits. Avec la fonction « COMBIN », on obtient :**

❑ a. 1 000
❑ b. 10
❑ c. 100
❑ d. les trois réponses sont inexactes

55 **Probabilités. Si à chaque valeur est associée une probabilité (avec la fonction « PROBABILITE »), alors :**

Commande par jour	0	1	2	3
Probabilité	20%	30%	10%	40%

❑ a. la probabilité pour que x = 2 est de 0,1
❑ b. la probabilité pour que x soit compris entre 1 et 3 = 80 %
❑ c. la somme des probabilités = 1
❑ d. les trois réponses sont exactes

56 **Probabilités. Dans le cas de variables continues et discrètes X et Y, pour l'espérance E :**

- ❑ a. $E(X+Y) = E(X) + E(Y)$
- ❑ b. $E(aX + b) = aE(X) + b$
- ❑ c. $E(aX + bY) = aE(X) + bE(Y)$
- ❑ d. les trois réponses sont exactes

57 **Probabilités. Dans le cas de variables continues et discrètes X et Y, pour la Variance V :**

- ❑ a. $V(X+Y) = V(X) + V(Y)$
- ❑ b. $V(aX + b) = a^2 V(X)$
- ❑ c. $V(aX + bY) = a^2 V(X) + b^2 V(Y)$
- ❑ d. les trois réponses sont exactes

58 **Probabilités. Dans le cas de variables continues et discrètes X et Y, pour l'écart-type σ :**

- ❑ a. $\sigma(X+Y) = \sqrt{\sigma^2(X) + \sigma^2(Y)}$
- ❑ b. $\sigma(aX + b) = |a|\,\sigma(X)$
- ❑ c. $\sigma(aX + bY) = \sqrt{a^2\sigma^2(X) + b^2\sigma^2(Y)}$
- ❑ d. les trois réponses sont exactes

59 **Probabilités conditionnelles. 1 machine A produit les pièces A (5 % sont défectueuses) et une autre les pièces B (3 % sont défectueuses). 40 % de la production est faite par A. La probabilité d'une pièce :**

- ❑ a. d'être défectueuse = 4,4 %
- ❑ b. de provenir de A = 54,55 %
- ❑ c. de provenir de B = 45,45 %
- ❑ d. les trois réponses sont exactes

60 **Une loi Binomiale :**

- ❑ a. est une Loi de Bernoulli
- ❑ b. l'Espérance $E(X) = np$
- ❑ c. la Variance $V(X) = np(1-p) = pq$
- ❑ d. les trois réponses sont exactes

61 **Une loi Binomiale est utilisée dans le cas de :**

- ❑ a. sexe des clients
- ❑ b. contrôle de disqualité (non qualité)
- ❑ c. résultat à un test
- ❑ d. les trois réponses sont exactes

62 **Loi Binomiale. 95 % des composants C fonctionnent sans problème. Si 30 C sont vendus, la probabilité (avec la fonction Excel(R) « LOI .BINOMIALE.N ») :**

- ❑ a. qu'aucun n'ait été défectueux = 33,9 %
- ❑ b. que 10 aient été défectueux = aucune chance
- ❑ c. qu'au plus 5 aient été défectueux > 99 %
- ❑ d. les trois réponses sont exactes

63 **Un QCM comporte 10 questions avec 4 réponses possibles. Avec la fonction « LOI. BINOMIALE », la probabilité que par hasard on ait :**

- ❑ a. toutes les réponses correctes est infime = $9{,}53674 \times 10^{-7}$
- ❑ b. 50 % de réponses correctes = 5,83997 %
- ❑ c en moyenne, nombre de réponses correctes = 2,5
- ❑ d. les trois réponses sont exactes

64 **Loi de Poisson :**

- ❑ a. on l'utilise dans le cas d'événements dits rares = qui arrivent par séries ou par paquets
- ❑ b. Espérance $E(X) = \lambda =$ Variance $V(X)$
- ❑ c. Écart type $= \sigma = \sqrt{\lambda}$
- ❑ d. les trois réponses sont exactes

65 **Loi de Poisson. 30 élèves traversent devant le lycée en fonction de l'arrivée du métro et du bus toutes les 6′. La probabilité (avec la fonction Excel(R) « LOI .POISSON.N ») pour que chaque minute arrive(nt) :**

- ❑ a. 0 élève = 6,74 %
- ❑ b. 5 élèves = 17,04 %
- ❑ c. plus de 5 élèves = 61,6 %
- ❑ d. les trois réponses sont exactes

66 **Loi de Poisson. Un poste reçoit un appel toutes les 10′ (600″) :**

- ❑ a. alors p = 1/600′ = 16,66 %
- ❑ b. la probabilité de recevoir 6 appels en 1 heure = 16,06 %
- ❑ c. plus de 6 appels = 39,37 %
- ❑ d. les trois réponses sont exactes

67 **Une Loi binomiale B(n,p) tend vers une loi de Poisson :**

- ❑ a. si n est grand, donc $n > 30$ ou $n > 50$
- ❑ b. $p < 10$ %
- ❑ c. $np < 15$ ou < 5
- ❑ d. les trois réponses sont exactes

68 **Une Loi binomiale B(n,p) tend vers une loi Normale de paramètre N(np ; $\sqrt{npq}$ si :**

- ❑ a. si n est grand, donc $n > 30$ ou $n > 50$
- ❑ b. p [30 % ; 70 %]< 10 %
- ❑ c. $np > 15$ ou $np > 15$ ou $npq > 10$
- ❑ d. les trois réponses sont exactes

69 **Loi de Normale ou de Gauss :**

- ❑ a. la loi est centrée si sa moyenne $m = 0$
- ❑ b. la loi est réduite si son écart-type $\sigma = 1$
- ❑ c. si X suit une Loi Normale, alors la valeur « t » = $(X - m)/\sigma$ peut être lue dans la table de la Loi Normale centrée et réduite
- ❑ d. les trois réponses sont exactes

70 **Loi Normale centrée réduite (utilisation de la fonction « LOI.NORMALE. STANDARD ») ou table centrée réduite** (*cf.* **Annexe). Calculer :**

- ❑ a. P (X>1,64) = 94,95 %
- ❑ b. P (X<1,64) = 1 – 94,95 % = 5,05 %
- ❑ c. P(X<0) = 50 %
- ❑ d. les trois réponses sont exactes

71 **Loi Normale centrée réduite (utilisation de la fonction « LOI.NORMALE.STANDARD ») ou table centrée réduite** (*cf.* **Annexe). Calculer :**

- ❑ a. P(1<X<2) = 37,9 %
- ❑ b. P(X< -2,67) = 13,6 %
- ❑ c. « t » tel que P(-t < X < t) = 10 % → t = 12,57 %
- ❑ d. les trois réponses sont exactes

72 **Loi Normale centrée réduite (utilisation de la fonction « LOI.NORMALE.STANDARD ») ou table centrée réduite (*cf.* Annexe). Sur 1 000 candidats, la moyenne des notes suit N(9,5 ; 4,5). Si : note < 7 → recalés, [7, 9] → écrit de rattrapage, [9, 13] oral de rattrapage, >13 admis. Combien y a-t-il d'étudiants par catégorie ?**

- ❑ a. recalés : 288
- ❑ b. rattrapés : 169
- ❑ c. oral : 327
- ❑ d. les trois réponses sont exactes

73 **Pour un décollage à 5h25, l'enregistrement est [3h50 ; 5h]. 5 % des passagers arrivent après l'enregistrement et 10 % avant :**

- ❑ a. les paramètres sont : N(m = 260,66 et σ = 23,91)
- ❑ b. une surréservation allant jusqu'à 562 places est possible dans cet avion de 500 places
- ❑ c. si l'avion a 10 minutes de retard et qu'on décale l'enregistrement d'autant, la surréservation reste possible
- ❑ d. les trois réponses sont exactes

74 **Pour estimer une population finie de taille N qui suit une loi N(m ; σ) et de proportion p, alors pour un échantillon de taille n, avec l'estimateur de la moyenne $\bar{x}$, de l'écart type σ' et de la proportion f :**

- ❑ a. $E(\bar{x}) = m$
- ❑ b. $V(\bar{x}) = \sigma^2\sqrt{n}$
- ❑ c. $\sigma(\bar{x}) = \sigma/\sqrt{n}$
- ❑ d. les trois réponses sont exactes

75 **Intervalle de confiance. Soit α (%) le risque de ne pas atteindre la moyenne, alors :**

- ❑ a. estimation par Intervalle de confiance de la moyenne. Si σ' est connu, $I = \bar{x} \pm t_\alpha \sigma/\sqrt{n}$;
- ❑ b. estimation par Intervalle de confiance d'une proportion $I = f \pm t_\alpha\sqrt{[f(1-f)/n]}$;
- ❑ c. si sur 50 machines, le temps improductif moyen = 30′ avec un risque α de 5 % et un écart type de 2,5′ alors avec la fonction « INTERVALLE.CONFIANCE » la durée moyenne improductive est entre 29,3′ et 30,7′
- ❑ d. les trois réponses sont exactes

76 **Test unilatéral d'hypothèses avec un risque α. Soit en moyenne vente de 300u par jour à ± 20u. Pendant une promotion le nombre passe à 315u. H_0 la promotion n'est pas profitable, H1 la promotion est profitable car m > 300u :**

- ❑ a. au risque α correspond une confiance de $(1 - \alpha)$
- ❑ b. si H_0 est vrai la probabilité que m ≥ 315 → $\bar{x}$ suit une loi N(300 ; 20/√15) → $P(\bar{x} > 315) = 19$ %
- ❑ c. si avec H_0 on fixe un seuil d'acceptation de 5 % alors le seuil d'équilibre « S » de la moyenne est de : $P(\bar{x} < x_s) = 95$ % Avec la fonction « LOI.NORMALE.INVERSE », on trouve $x_s = 308$ u
- ❑ d. les trois réponses sont exactes

77 **Test bilatéral d'hypothèses avec un risque α. On vend en moyenne 33 u par jour à ± 5u. Durant la dernière dizaine on n'a vendu que 30u par jour. Est-ce anormal avec $H_0 \rightarrow m = 33$ et $H1 \rightarrow m \neq 33$?**

- ❑ a. les tests bilatéraux se font aussi pour des proportions ou des différences de « m » ou « p »
- ❑ b. avec $H_0 \rightarrow \bar{x}$ suit une loi N (33 ; $5/\sqrt{10}$) et la probabilité d'équilibre est P ($\bar{x}$ < 30) = 5,74 %
- ❑ c. avec α = 5 % H_0 est acceptable puisque < 5,74 %
- ❑ d. l'intervalle de confiance est $[m \pm t_\alpha \sigma/\sqrt{n}]$ donc avec α = 5 % en vendre 33u est acceptable au seuil de 5 % car compris entre 30u et 36u

78 **Statistique avec les fonctions Excel®:**

Mois	J	F	M	A	M	j	J	A	S	O	N	D
Ventes	8	12	4	16	14	6	10	12	13	12	10	11

- ❑ a. 10,67 = Moyenne
- ❑ b. 11,33 = Variance
- ❑ c. 3,37 = Ecart-type
- ❑ d. les trois réponses sont exactes

79 **Une variable :**

- ❑ a. peut prendre toutes les valeurs dans son « domaine »
- ❑ b. discrète est, par exemple, le nombre de salariés
- ❑ c. continue est, par exemple, la taille des salariés
- ❑ d. les trois réponses sont exactes

80 **Pour arrondir un nombre, on doit utilisez la fonction « ARRONDI « ou « ENT ». Pour 4,34780 € :**

- ❑ a. 4,3 € = « ARRONDI (4,34780;1) »
- ❑ b. 4,348 € = « ARRONDI (4,34780;3) »
- ❑ c. 4 € = « ARRONDI (4,34780;0) » ou avec la fonction « ENT »
- ❑ d. les trois réponses sont exactes

81 **Soit une relation qui lie de la manière suivante les ventes avec la marge sur coût variable :**

X	-3	-2	-1	0	1	2	3	4	5
Y	7	0	-5	-8	-9	-8	-5	0	7

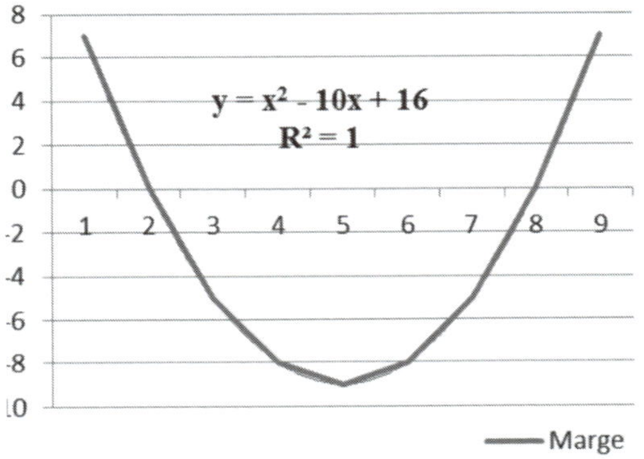

- ❑ a. l'équation de la fonction de marge est donnée automatiquement par Excel®
- ❑ b. cette courbe de marge est une parabole
- ❑ c. la tendance de cette courbe avec les données est parfaite
- ❑ d. les trois réponses sont exactes

82 L'estimation par intervalles de confiance

Soit la moyenne $\bar{x}$ et σ l'écart type d'une distribution Normale. Si on mesure la moyenne $\bar{x}$ sur un échantillon de taille n, alors l'intervalle de confiance de :

❑ a. $\bar{x} \pm \sigma(x) / \sqrt{n} = 68\ \%$

❑ b. $\bar{x} \pm 2\sigma(x) / \sqrt{n} = 95{,}45\ \%$

❑ c. $\bar{x} \pm 3\sigma(x) / \sqrt{n} = 99{,}73\ \%$

❑ d. les trois réponses sont exactes

Explication des réponses

26. Bonne réponse : d

a. Planifier pour anticiper ; Organiser pour doter l'entreprise des ressources (humaines, financières et matérielles) utiles à son activité, Commander pour indiquer les tâches et instructions aux membres du corps social , Coordonner pour mettre l'harmonie entre tous les actes d'une entreprise de manière à en faciliter le fonctionnement et le succès, Contrôler pour vérifier que tout se passe conformément au programme adapté aux ordres donnés, aux principes admis et signaler les fautes et les erreurs afin qu'on puisse les réparer et en éviter le retour.

b. Pour lui, l'organisation est composé de 6 catégories d'activités : technique, commercial, financières, sécurité, activités de support. De même il existe 6 activités essentielles pour commander, 5 activités hiérarchiques : Technique pour transformer et fabriquer, Commerciale pour acheter, vendre et échanger, Financière pour rechercher et utiliser de façon efficiente les capitaux, Sécurité pour protéger les personnes et les biens, Comptable pour calculer des données pour élaborer les états financiers et les statistiques.

c. Division du travail (la spécialisation permet d'améliorer la courbe d'expérience et les qualifications). **Autorité** (commander et les moyens de se faire obéir). **Discipline** (le manager doit être un bon leader). **Unité de commandement** (chaque travailleur doit avoir un seul manager sans lignes de commande contradictoires. **Unité de sens** (activités similaires, mêmes objectifs, l'unité et la coordination en dépendent). **Subordination de l'intérêt individuel à l'intérêt général** (besoins et intérêts généraux passent avant ceux des individus). **Rémunération** (important facteur de motivation). **Centralisation** (dépend de l'activité et des compétences du personnel). **Ligne hiérarchique** (nécessaire mais la communication latérale est fondamentale). **Commande** (réduire au minimum le temps perdu et la manipulation inutile des matériaux). **Équité** (combinaison de relations humaines sans stress et équitables) **Stabilité de l'emploi** (la sécurité de l'emploi et la progression de carrière assurent l'implication des salariés. **Initiative** (l'esprit d'initiative doit être valorisé) **Solidarité** (consensus, cohésion et confiance).

27. Bonne réponse : d

Il est un des fondateurs, avec Frederick W. Taylor, de l'école classique.

28. Bonne réponse : d

Il recherche des principes universels d'organisation scientifique (rationnelle) du travail (OST). Il tente de déterminer la quantité de travail qu'un ouvrier peut produire et qui correspond à une journée de travail normale, sans gaspillage. Il interdisait aux travailleurs d'être plus de 4 sans autorisation.

a. Pour améliorer le rendement, il faut spécialiser le travail et adapter les outils au travail.

b. Il faut développer la formation et l'entraînement en abaissant la courbe d'apprentissage.
c. Le travail en équipe est contre productif.

29. Bonne réponse : d

École classique, recherche de principes universels.
a. Il n'y a jamais une seule cause à un phénomène. La rationalisation, amené le désenchantement du monde. Le pouvoir l'aptitude à forcer à l'obéissance alors que l'autorité implique que l'on reconnaisse une légitimité à la personne.
b. Autorité **charismatique** est instable et disparaît avec l'individu ce qui pose problème de la succession et de la pérennité. **Traditionnel**_se sont les usages, la culture et la coutume qui légitiment l'autorité. **Rationnel légal** c'est-à-dire bureaucratique. Il doit s'imposer car ce sont les règles et procédures qui doivent tout prévoir.

30. Bonne réponse : a

a. Ce ne sont pas les conditions matérielles qui sont à l'origine des gains de productivité mais la qualité des rapports sociaux.
b. La motivation est fonction de la qualité des relations sociales.
c. Il ne s'agit plus de diriger le personnel mais de gérer des ressources humaines.

31. Bonne réponse : a

32. Bonne réponse : a

Pour Coase, l'organisation se substitue au marché si la coordination hiérarchique permet des économies des coûts qu'entrainerait la coordination par les prix sur un marché imparfait. L'organisation unit les personnes pour effectuer des tâches sans l'aide du marché. Ça évite les coûts de transactions (négociations). *A contrario* la croissance amplifie les coûts de coordination, ce qui limite la capacité de l'organisation à se substituer au marché. Donc la firme est un réseau de contrats.
Williamson prolonge cette analyse et explique que les contrats ne pouvant pas tout prévoir des situations opportunistes détournent l'esprit des contrats.
Le choix de l'entreprise entre régulation par le marché ou en interne est déterminé par la minimisation des coûts de coordination.

33. Bonne réponse : b

a. Il faut donner aux salariés des objectifs à atteindre et pas seulement des activités à accomplir.
b. Les objectifs et les moyens doivent être négociés, ce qui implique que les objectifs soient décomposés en sous objectifs et définit la DPPO.
c. La DPPO encourage la recherche de la qualité totale, facilite la communication interne et améliore le climat social.

34. Bonne réponse : d

John Nash introduit la théorie des jeux et pour lui la décision d'un acteur dépend de celle des autres. Donc il y a une position d'équilibre acceptable par tous qui permet d'aboutir à un compromis sans concertation des acteurs (jeux non coopératifs).
Cette situation n'est pas nécessairement optimale pour tous. Ce type de situation illustre le dilemme du prisonnier. On montre que la rationalité des choix de chacun n'est pas l'optimum

ni pour chacun d'eux ni pour tous (Dilemme du prisonnier, Paradoxe de Condorcet, théorème d'impossibilité d'Arrow, etc.).

35. Bonne réponse : d

Le management participatif est une critique de l'autorité. L'auteur présente la théorie X. et Y :

– en X, comme les acteurs sont guidés par leur intérêt propre et qu'ils ont une aversion au travail, le management est fondé sur l'autorité et la motivation est assurée par les gratifications, sanctions qui satisfont pleinement les besoins primaires ;

– en Y, l'organisation du pouvoir développe les capacités d'initiative, d'autonomie et de responsabilité, donc autres que primaires.

36. Bonne réponse : b

Il préconise la distinction entre activités stratégiques, opérationnelles et de gestion.

a. Il considère que les notions d'avantages comparatifs et de synergie sont importantes.

b. Il prend en compte l'environnement et les couples marché/produits définissent des DAS.

c. Les options stratégiques dépendent des rapports Forces / Faiblesses et Opportunités / Menaces.

37. Bonne réponse : b

De l'École néo-classique Sloan à dirigé la S^té^ General Motors et traite des divisions autonomes dans les grandes entreprises diversifiées. Il décrit le principe fondamental de la décentralisation en contrôle de gestion.

Les responsables doivent être proches des problèmes pour décider vite.

Certaines fonctions communes fonctions financières ou marketing peuvent rester centralisées.

38. Bonne réponse : c

Il traite de stratégie et structure.

a. b. La stratégie conditionne la structure. Avec la diversification des gammes et des marchés on a besoin de divisions autonomes avec une adaptation des activités aux fluctuations du marché. Aux nouvelles structures, nouvelles compétences. Donc dissociations croissante entre managers/actionnaires et, de fait, les liens entre structure et stratégie ne sont plus évidents.

c. la structure conditionne la stratégie. Les managers ont des libertés ; donc, il existerait une « Main invisible des managers ».

39. Bonne réponse : c

a. Les entreprises sont confrontées à des contraintes de leur environnement : économique, juridique, technique, etc. Ces contraintes pèsent sur le système social et influencent le niveau de compétence, ce qui modifie les rapports de l'homme à son travail. Donc la technique et le social interagissent.

b. Les acteurs doivent être impliqués dans la gestion du changement. Donc mis en place de groupes projets et enrichissements des tâches.

c. L'efficacité relève d'un compromis entre les contraintes des technologies et celles liées aux conditions psycho sociologiques du travail. Il insiste donc sur le groupe plutôt que sur l'individu.

40. Bonne réponse : a

a. Leur démarche est dans le courant de la contingence structurelle

b. Il existe une relation entre la stabilité de l'environnement et la structure des entreprises Chaque unité est confrontée un sous environnement particulier et s'y adapte c'est ce que Laurence appelle la différenciation entre des unités par la mise en place de structure de pratiques différentes.
c. La hiérarchie doit résoudre les conflits par des comités de coordination transversaux.

41. Bonne réponse : a

Dans le cadre de l'École des relations humaines (dans le prolongement de Mayo), il distingue cinq besoins :
- physiologique pour un minimum vital ;
- sécurité pour parer la douleur physique et mentale ;
- appartenance pour se sentir accepté, compris, écouté ;
- estime pour être respecté, valorisé, considéré ;
- accomplissement pour s'épanouir dans son travail et se réaliser dans la vie.

Un besoin d'un niveau ne peut être satisfait que si les besoins d'un niveau inférieur le sont. Taylor ne prenait en compte que les deux premiers besoins.

42. Bonne réponse : a

En développant la Théorie de l'Agence (agents). La relation entre dirigeants et actionnaires est une relation d'agence où les uns donnent mandat aux autres d'agir en leur nom. Or :
- l'information est imparfaite ; donc l'efficience des contrats n'est pas assurée ;
- il existe une asymétrie d'informations entre les informations détenues par les uns et les autres ;
- il existe un abus de situation donc les contrats sont forcément incomplets.

Chaque agent va tenter de préserver son intérêt personnel, qui est à l'origine des coûts de :
- contrôle ;
- d'obligations engagées par l'agent (c'est la garantie que l'agent doit accepter) ;
- d'écart entre l'action de l'agent et les résultats attendus si les actions avaient été faites uniquement dans l'intérêt du principal.

Donc, développement des organes de contrôle.

43. Bonne réponse : d

Les firmes évoluent et sont soumises à une sélection naturelle. Leur évolution est fonction des compétences spécifiques accumulées. Cette théorie évolutionniste se caractérise par :
- l'innovation dans les produits, les processus et les formes d'organisation ;
- les modalités d'apprentissage organisationnel avec un rôle central accordé aux routines.

44. Bonne réponse : d

De l'École des relations humaines, ils développent la notion d'Apprentissage organisationnel (cyclique ou en boucles) :
1. Simple boucle, le choix des personnes est fait en fonction des réalisations qu'ils ont faites dans le passé → apprentissage individuel.
2. Double boucle : on modifie les comportements individuels → partage des choix et mutualisation des solutions. Seul l'apprentissage à double boucle est facteur d'apprentissage organisationnel.

Donc, la direction doit créer les conditions favorables à l'apprentissage à double boucle.

45. Bonne réponse : d

Théorie de la décision et décisions rationnelles en trois étapes :

1. intelligence pour explorer les situations et analyser les problèmes ;
2. modélisation pour pouvoir faire de la simulation ;
3. choix pour sélectionner la meilleure solution évaluée ses conséquences ;

La rationalité du décideur est bien sûr limitée par son incompétence, l'urgence du problème à résoudre, l'insuffisance des informations disponibles.

46. Bonne réponse : c

M. Porter considère que le contexte concurrentiel à cinq forces principales :

1. les entrants potentiels ;
2. les produits de substitution ;
3. les clients ;
4. les fournisseurs ;
5. les concurrents.

47. Bonne réponse : c

M. Porter distingue trois stratégies génériques :

1. la domination par les coûts ;
2. la différenciation par l'avantage concurrentiel durable est perçu comme distinctif (image de marque technologie services, qualité, etc.) ;
3. la concentration quand l'entreprise focalise sur un segment et bénéficie d'un avantage.

48. Bonne réponse : d

M. Crozier a démontré la rigidité du système bureaucratique qui crée inévitablement des crises d'adaptation aux changements. Donc, pour limiter celle-ci, il faut donner plus de liberté aux acteurs.

Il critique ainsi le modèle de Weber et celui de l'école des relations humaines qui considère l'individu et non pas les relations qu'il y a entre eux. Chaque individu a un objectif propre et les stratégies d'acteurs ne sont pas prévisibles par une organisation formelle. Ce sont les zones d'incertitude qui confèrent à chacun son autonomie. La structure informelle se superpose la structure formelle.

49. Bonne réponse : d

De l'École néo-classique, Peter Drucker propose une délégation de responsabilité avec la fixation des objectifs à atteindre. Il prolonge l'analyse de Taylor mais en tenant compte des critiques de l'école des relations humaines. La DPO est une application de la théorie Y de Mac Gregor : laisser de l'autonomie aux individus, et leur permettre de réaliser les leurs besoins destinent et d'épanouissement (Maslow).

Drucker préconise l'autocontrôle et le salarié n'a besoin ni de gratification ni de sanctions mais d'informations sur ses résultats. Selon lui cinq tâches incombent aux dirigeants : fixer des objectifs ; analyser et organiser les activités (définir la structure et sélectionner les responsables) ; motiver et communiquer ; établir les normes la performance ; former le personnel et surtout se former lui-même. En effet les salariés ont une activité immatérielle de plus en plus développé qui consiste à traiter l'information.

50. Bonne réponse : d

À propos du fonctionnement / évolution des organisations, les structures d'une organisation s'analysent selon ces composantes :

1. le sommet stratégique avec une hiérarchie en divers niveaux ;
2. la technostructure dont les responsables fonctionnelles sont chargées d'organiser le travail de planifier contrôler et conseiller ;
3. les activités de support ;
4. le centre opérationnel qui a su la réalisation directe de l'introduction ;
5. l'idéologie comme ensemble des finalités et valeurs de l'entreprise.

51. Bonne réponse : d

Les compétences d'innovation sont très importantes dans la pensée stratégique. Il est impossible de développer son activité de la même manière de nombreuses années. Donc, les entreprises doivent élaborer une intention stratégique sur leur futur métier, en développant des compétences de base. Ainsi, l'entreprise est vue comme un ensemble de capacités distinctes qui constituent les compétences clés « *core competencies* ».

52. Bonne réponse : d

La typologie des structures est basée sur leur mode de coordination. Henry Mintzberg distingue :
1. la structure simple où le dirigeant a tous les pouvoirs de superviser directement ;
2. la bureaucratie mécaniste dominée par la technostructure avec standardisation des procédés, contenus du travail défini selon les principes tayloriens ;
3. la bureaucratie professionnelle : autonomie des centres opérationnels basés sur la standardisation des qualifications comme dans les sociétés de services pour les entreprises ;
4. la structure divisionnaire : autonomie des divisions correspondants à la grille marchés/produits, standardisation des performances pour comparer les activités ;
5. l'adhocratie est une organisation innovante ou la coordination se fait par simple communication formelle et par ajustement mutuel des compétences ;
6. l'organisation missionnaire est basée sur une forte adhésion de membres aux objectifs d'entités qui assuraient standardisation des comportements ;
7. l'organisation politique dans laquelle le fonctionnement est basé sur le jeu pouvoirs.

53. Bonne réponse : a

On a 1 000 000 identifiants possibles pour autant de clients.

54. Bonne réponse : b

Tous les couples de produits sont possibles. On obtient donc 10 façons de choisir ces deux produits dans la gamme.

55. Bonne réponse : d

La probabilité est une fréquence limitée d'apparition d'événements. Les valeurs possibles pour une probabilité sont bornées entre [0 et 1(100 %)].

56. Bonne réponse : d

Ces formules sont à connaître.

57. Bonne réponse : d

Ces formules sont à connaître.

58. Bonne réponse : a

Ces formules sont à connaître.

59. Bonne réponse : a

a. Probabilité d'une pièce d'être défectueuse : (40 % x 5 %) + (60 % x 4 %) = 4,4 %

b. Probabilité de provenir de A = (40 % x 5 %) / 4,4 % = 45,45 %

c. Probabilité de provenir de B = 54,55 %

60. Bonne réponse : d

Avec p la probabilité que l'événement arrive → 1 – p = q, qu'il ne se produise pas, et n le nombre d'épreuves indépendantes.

61. Bonne réponse : d

Chaque fois que le référentiel est binaire : bon ou mauvais, fonctionne ou pas, habite l'Île de France ou pas, etc., cette loi s'applique.

62. Bonne réponse : d

Vérifier avec la fonction « LOI .BINOMIALE.N ».

63. Bonne réponse : d

a. et b. Appliquer la formule Excel® « LOI . BINOMIALE.N » et trouver sans passer par les factorielles.

c. 10 x ¼ = 2,5 réponses exactes.

64. Bonne réponse : d

Testez la fonction Excel(R) « LOI .BINOMIALE.N » qui est bien expliquée avec l'exemple donné dans « aide sur cette fonction ».

65. Bonne réponse : d

Testez la fonction Excel(R) « LOI .POISSON.N » qui est bien expliquée avec l'exemple donné dans « aide sur la fonction ». En moyenne, on teste sur 30 élèves (=λ) → la proportion pour 1′ = 1′/6′ = 5.

a. 0,674 %.

b. 17,037 % avec « LOI .POISSON.N (3 ;5 ;FAUX) ».

c. 61,596 % avec « LOI .POISSON.N (5 ;5 ;VRAI) ».

66. Bonne réponse : d

a. Alors p = 1/600′ = 16,66 %

b. La probabilité de recevoir 6 appels en 1 heure = 16,06 % avec la fonction LOI. POISSON.N(6 ;6 ;FAUX)

c. Avec la fonction LOI.POISSON.N(6 ;6 ;VRAI) = 60,63 % → 1 - 60,63 % = 39,37 %

d. Les trois réponses sont exactes.

67. Bonne réponse : d

Une loi de Poisson correspond à des évènements « rares » qui arrivent par paquets (clients dans un magasin, erreurs de frappe, voitures aux péages, etc.) une binomiale tend vers une loi de Poisson si N > 30 et n > 50 et p < 10 % donc petit ou grand, p > 90 %, donc np entre 5 et 15.

68. Bonne réponse : d

a. Ce sont les conditions d'un échantillon tiré d'une population pour approximer une loi de Poisson par une loi Normale.

b. Avec p < 10 %

c. np > 15 ou np > 15 ou npq > 10font partie des conditions pour approximer une loi de Poisson par une loi Normale.

69. Bonne réponse : d

Par la table (*cf.* Annexe) et par la fonction Excel(R) « LOI.NORMALE.STANDARD ».

70. Bonne réponse : c

a. P (X<1,64) = 94,95 %
b. P (X>1,64) = 1 – 94,95 % = 5,05 %
c. P(X<0) = 50 %

71. Bonne réponse : c

a. P(1 < X < 2) = P(X < 2)-(PX < 1) = 97,73 % - 84,13 % = 13,6 %
b. P(X < -2,67) = P(X > 2,67) = 1 – P(X < 2,67) = 1 – 99,62 % = 37,9 %
c. calculer « t » tel que P(-t < X < t) = 10 % → P(X < t) – P(X < -t) = 10 % → P(X < t) – P(X > t) = 10 % → P(X < t) – [1- P(X < t)] = 10 % → 2P(X < t) – 1 = 10 % → P(X < t) = 55 % → t = 12,57

72. Bonne réponse : d

a. Recalés : P(X<7) = P[(X-9,5)/4,5 < (X-7)/4,5] = P(t< - 0,56) = P(t > 0,56) = 1- P(t < 0,56) = 1 – 71,22 % = 28,77 % → 28,77 % x 1.000 = 288
b. Rattrapage : P(7 < X < 9) = P (X < 9) – P(X < 7) = P((t < (X-9,5)/4,5) - 28,77 % = P(t < - 0,11) - 28,77 % = P(t > 0,11) - 28,77 % = 1 – P(t < 0,11) - 28,77 % = 1 – 54,38 % - 28,77 % = 16,85 % → 16,85 % x 1.000 = 169
c. Oral : P(9 < X < 13) = P (X < 13) – P(X < 9) = P[(13 - 9,5)/4,5 < (9 - 9,5)/4,5] = P(t<0,78) – P(< - 0,11) = 78,23 % - 45,52 % = 32,71% → 32,71 % x 1.000 = 327

73. Bonne réponse : a

a. 3h50 = 230′ → P(X<230 = 10 % → P(t < 230 – m/σ) = 10 % →230 - m/σ = - 1,2816. Idem 5h = 300′ → P(X > 300 = 5 % → 1 - P(t < 300 – m/σ) = 5 % → P(t < 300 – m/σ)= 95 % → 300m/σ = 1,6449 →{230 – m = - 1,2816σ et 300 – m = 1,6449σ} → m = 260,66 et σ = 23,91
b. 500 /(1 – 5 %) = 526 places vendues
c. P(X>310) = P(t > (310 - 260,66)/23,91) = P(t>2,064) = 1 – P(t < 2,064) = 1 – 0, 9803 = 1,97 %. Soit 10 passagers en retard et 526 – 10 = 516 passagers pour 500 places donc impossible de décaler l'enregistrement.

74. Bonne réponse : d

Formules à connaître pour tirer d'un échantillon des conclusions sur la population étudiée. On note qu'une estimation ponctuelle de la moyenne « m » est l'Espérance de μ.

75. Bonne réponse : d

a. b. Formules à connaître.
c. Avec la fonction « INTERVALLE.CONFIANCE », la durée moyenne improductive = 30′ ± 0,6929519′→ [29,3′ et 30,7′].

76. Bonne réponse : d

a. Un seuil de risque α est à l'opposé de la confiance (1 - α).
b. Si H_0 est vrai la probabilité que m ≥ 315 → $\overline{x}$ suit une loi N(300 ; 20/√15) → P ($\overline{x}$ > 315) = P (t > 315 - 300/ 5,164) = P(t > 2,9) = 1 – P(t < 2,9) = 19 % → très faible.
c. Si avec H_0 on fixe un seuil d'acceptation de 5 % alors le seuil d'équilibre « S » de la moyenne est de : P ($\overline{x}$ > x_s) = 5 % → P ($\overline{x}$ < x_s) = 95 % Avec la fonction « LOI.NORMALE. INVERSE », on trouve x_s = 308,4940 u

77. Bonne réponse : d

a. Les tests bilatéraux se font aussi pour des proportions ou des différences de « m » ou « p ».
b. Avec H_0 → $\overline{x}$ suit une loi N (33 ; 5/√10) et la probabilité d'équilibre est P ($\overline{x}$ < 30) = 2P (t < (33 – 30)/1,581) = 2P (t < - 1,9) = 2P (t > 1,9) = 2(1 – P(t < 1,9)) = 2(1 – 97,13 %) = 5,74 %

c. Avec α = 5 %, H_0 est acceptable puisque < 5,74 %

c. l'intervalle de confiance est [m ± t_α $\sigma/\sqrt{n}$]
Avec α = 5 % →[33 – 1,96 x 1,581] = 30 et→[33 + 1,96 x 1,581] = 36 donc avec α = 5 % en vendre 33u est acceptable au seuil de 5 % car [30u et 36u]

78. Bonne réponse : d

Les fonctions d'Excel « MOYENNE », « VAR » et « ECARTTYPE » permettent de déterminer simplement ces valeurs de l'année.

79. Bonne réponse : d

Le nombre de salariés dans une entreprise est une variable discrète car on ne peut avoir qu'un nombre entier de personnes (*idem* pour le nombre de pièces vendues, etc.). La taille des salariés dans une entreprise est une variable continue car les mesures sont des nombres positifs mais qui dépendent de l'exactitude voulue de la mesure en cm (*idem* pour les ventes en valeur, etc.).

80. Bonne réponse : d

4,350 € avec « ARRONDI.SUP »
4,340 € avec « ARRONDI.INF »
4,300 € avec « ARRONDI »
Supprimer les chiffres après la virgule les enlève de l'écran mais pas pour Excel.

81. Bonne réponse : d

Le graphique sous Excel® établi à partir des données trace la courbe et indique R^2, le coefficient de détermination (1 = 100 % → l'ajustement des points par la courbe est donc parfait).

82. Bonne réponse : d

Seuils %	99,73	99	98	96	95,45	95	90	80	68	50
z_c	3	2,58	2,33	2,05	2	1,96	1,645	1,28	1	0,6745

3
Mise en œuvre du contrôle de gestion dans un contexte stabilisé

Explications, p. 96

3.1 Les caractéristiques des processus opérationnels stables et récurrents

83 La gestion optimale des stocks en flux tirés par la demande : le Juste À Temps (JAT) :

- ❑ a. le JAT tente de réduire au minimum les coûts et les délais grâce à une production dite à flux tendus sans surstocks
- ❑ b. la production se fait en fonction de la capacité productrice
- ❑ c. le Kanban est un processus informationnel basé sur les demandes de l'amont vers l'aval transmises par des étiquettes
- ❑ d. les trois réponses sont exactes

84 Gestion de la production, pilotage en flux poussés. Planification des Besoins en Composants (PBC). Exemple, combien de kg de matière sont nécessaires et quand doivent-ils être livrés pour fabriquer A, B et C. Processus :

- Commandes prévisionnelles du premier trimestre :

M0	Janvier	Février	Mars
Produits A	1u de A	2u de A	1u de A
Produits B	2u de B	1u de B	1u de B
Produits C	0u de C	1u de C	2u de C

- Besoin d'Ensembles / produits A, B, C : délai d'assemblage 3 mois

M1	A	B	C
E1	1u de E1	1u de E1	2u de E1
E2	2u de E2	0u de E2	1u de E2
E3	1u de E3	1u de E3	2u de E3

- Besoin de Sous-ensembles / ensemble E : délai d'usinage 2 mois

M2	E1	E2	E3
S1	1u de S1	2u de S1	1u de S1
S2	1u de S2	1u de S2	1u de S2
S3	0u de S3	1u de S3	2u de S3

- Besoin de Pièces pour les sous ensembles S : délai de moulage 1 mois

M3	S1	S2	S3
P1	1u de P1	1u de P1	1u de P1
P2	1u de P2	1u de P2	2u de P2
P3	0u de P3	1u de P3	1u de P3

- Besoin de kg de Matière pour les Pièces : délai d'approvisionnement 1 mois

M4	P1	P2	P3
M1	2kg de M1	0 kg de M1	2 kg de M1
M2	1 kg de M2	1 kg de M2	1 kg de M2
M3	1 kg de M3	1 kg de M3	0 kg de M3

- ❑ a. pour livrer 1 A, 2 B et 0 C aux A début janvier, il faut prévoir d'assembler les E, 3 mois avant, donc en octobre
- ❑ b. pour livrer 3 E1, 2 E2 et 3 E3 début octobre, il faut prévoir d'usiner 10 S1, 8 S2 et 8 S3 début août
- ❑ c. pour mouler au final 26 P1, 34 P2 et 16 P3 début juillet, il faudra s'approvisionner de 84 kg de M1, 76 kg de M2 et 60 kg de M3 début juin
- ❑ d. les trois réponses sont exactes

3.2 Détermination des coûts comme réponse à différents problèmes de gestion

85 **Les charges :**

- ❑ a. sont classées par nature en comptabilité financière
- ❑ b. sont classées par fonction, activité ou destination en comptabilité de gestion
- ❑ c. financières sont prises en compte en comptabilités financière et de gestion
- ❑ d. les trois réponses sont exactes

86 **En gestion :**

- ❑ a. une charge est directe ou spécifique si elle est affectée sans ambiguïté à un objet de coût
- ❑ b. les objets de coûts sont les produits et services fabriqués et vendus
- ❑ c. une charge indirecte nécessite un calcul préalable avant d'être imputée à un objet de coût
- ❑ d. les trois réponses sont exactes

87 **En comptabilité analytique de gestion, une charge :**

- ❑ a. variable : varie avec le niveau d'activité
- ❑ b. fixe : est fixe à long terme
- ❑ c. variable : varie en fonction du niveau de production
- ❑ d. les trois réponses sont inexactes

88 **Une charge :**

- ❑ a. variable et directe est dite opérationnelle
- ❑ b. peut être variable et indirecte
- ❑ c. fixe et directe
- ❑ d. les trois réponses sont exactes

89 **On peut incorporer les charges courantes dans les coûts :**

- ❑ a. de manière exhaustive
- ❑ b. partiellement
- ❑ c. ou ne pas les incorporer du tout
- ❑ d. les trois réponses sont exactes

90 **Les charges non incorporables :**

- ❑ a. ne sont pas incorporées aux objets de coûts
- ❑ b. n'existent pas dans le compte de résultat
- ❑ c. seront rajoutées en fin de calcul du résultat analytique
- ❑ d. les trois réponses sont inexactes

91 **Les charges supplétives sont :**

- ❑ a. déduites des coûts
- ❑ b. intégrées plusieurs fois dans l'analyse des coûts
- ❑ c. par exemple, le coût des capitaux propres
- ❑ d. les trois réponses sont exactes

92 **Pour retrouver le résultat courant à partir du résultat analytique de gestion, on :**

- ❑ a. déduit les charges supplétives qu'on avait ajoutées aux coûts
- ❑ b. ajoute les charges non incorporables qu'on avait déduites
- ❑ c. ne tient compte dans les stocks que des différences d'inventaire
- ❑ d. les trois réponses sont exactes

93 **Les coûts complets servent à l'évaluation d'éléments du bilan tels :**

- ❑ a. le stock d'immobilisations
- ❑ b. les productions immobilisées
- ❑ c. le coût financier
- ❑ d. les trois réponses sont exactes

94 **Dans le coût complet analysé par les sections homogènes, les charges :**

- ❑ a. directes sont réparties dans les objets de coûts
- ❑ b. indirectes sont imputées dans les centres d'analyse
- ❑ c. indirectes sont ensuite imputées aux coûts
- ❑ d. les trois réponses sont exactes

95 **Dans les charges directes affectées, on trouve :**

- ❑ a. les matières premières
- ❑ b. les matières consommables
- ❑ c. la main-d'œuvre opérationnelle directe
- ❑ d. les trois réponses sont exactes

96 **Le coût complet analysé par les sections homogènes serait remis en cause par :**

- ❑ a. un environnement économique mondial devenu instable et illisible
- ❑ b. une diversification des besoins avec des consommateurs mieux informés par Internet
- ❑ c. l'émergence de nouveaux facteurs de performance
- ❑ d. les trois réponses sont exactes

97 **Le coût complet analysé par les sections homogènes serait remis en cause par :**

- ❑ a. une similitude des produits (mobiles, tablettes, écrans, liseuses, voitures, etc.)
- ❑ b. une augmentation de la main d'œuvre directe dans les pays développés
- ❑ c. le passage d'économies de la demande à celles de l'offre
- ❑ d. les trois réponses sont inexactes

98 Les centres d'analyse :

Centres auxiliaires		Centre principaux				Charges indirectes = 168 k€	= Répartition 1ère
Administ°	Entretien	magasin	Atelier 1	Atelier 2	Vente		
20 k€	8 k€	30 k€	25 k€	35 k€	50 k€		
-100%	10%	20%	20%	40%	10%		
?	?	?	?	?	?		
	?	?	?	?	?		
	-100%	10%	20%	30%	40%		
		1 k€	2 k€	3 k€	4 k€		
	?	?	?	?	?	?	= Répartition 2nd

- ❑ a. après la répartition de l'administration ce centre auxiliaire vaut 0k€
- ❑ b. après la répartition de l'entretien l'atelier 1 vaut 31k€
- ❑ c. le montant des charges indirectes à la répartition primaire est le même qu'après la répartition secondaire
- ❑ d. les trois réponses sont exactes

99 Les prestations croisées :

- ❑ a. elles apparaissent lorsque deux centres d'analyse se fournissent réciproquement des prestations
- ❑ b. le calcul du coût d'unité d'œuvre peut nécessiter la résolution d'un système de 2 équations à 3 inconnues
- ❑ c. tous les centres auxiliaires sont forcément concernés
- ❑ d. les trois réponses sont exactes

100 Une unité d'œuvre est :

- ❑ a. définie pour chaque section homogène au niveau de chaque centre principal ; elle y est bien corrélée
- ❑ b. une variable représentative de l'activité permettant de mesurer cette activité
- ❑ c. retenue si elle donne le coefficient de détermination proche de 1 (100 %) entre les charges du centre et le niveau d'activité
- ❑ d. les trois réponses sont exactes

101 **Si l'imputation des charges de distribution se fait proportionnellement au montant des ventes :**

❑ a. pour des commandes importantes et d'autres faibles, demandant autant de travail, alors l'unité d'œuvre sera correcte
❑ b. il y aura un « effet de subventionnement » car les commandes importantes seront surchargées
❑ c. il est préférable de n'attribuer aucune unité d'œuvre au centre de distribution
❑ d. les trois réponses sont inexactes

102 **Pour chaque centre d'analyse :**

❑ a. on calcule le coût de l'unité d'œuvre en divisant le total de la répartition secondaire du centre ou de la section par le nombre d'unités d'œuvre
❑ b. principal : si les unités d'œuvre sont en valeur, on parle « d'assiette de frais » et le coût d'unité d'œuvre devient un « taux de frais »
❑ c. la mauvaise qualité discriminante des clés de répartition et d'imputation engendre des subventionnements
❑ d. les trois réponses sont exactes

103 **L'analyse en coût complet par les sections homogènes pourrait être remise en cause par un calcul de coûts d'unités d'œuvre approximatif :**

Centre de production CP			
Produits	P1	P2	Total
Quantités	3 000 u.	1 000 u.	= 4 000 u.
Poids/unit.	0,2 tonne	0,1 tonne	

Centre de production CP	
Répartition secondaire	140 000 €
Unité d'œuvre = tonnes	

❑ a. nombre d'unités d'œuvre = 600 t.
❑ b. coût de l'unité d'œuvre = 20 € / t
❑ c. les charges unitaires indirectes imputées au coût des produits valent 20 € / P1 et 40 € / P2
❑ d. les trois réponses sont inexactes

104 **Si le centre de production de la question précédente est composé de 2 activités :**

Centre de production CP		
Production	P1	P2
Temps de contrôle	2 % d'heure	6 % d'heure

Les 2 activités sont :	Finition	Contrôle
Répartition secondaire	98 000 €	42 000 €
Unités d'œuvre	Tonne	Temps
Nb. d'unités d'œuvre	350 t.	*inutile ici*

- ❑ a. nombre d'unités d'œuvre pour le centre : Finition = 120 h
- ❑ b. coût de l'unité d'œuvre pour les centres : Finition = 280 € et Contrôle = 350 €
- ❑ c. charges indirectes de production imputées : Produit P1 = 63 € et Produit P2 = 49 €
- ❑ d. les trois réponses sont exactes

105 **Si l'activité Contrôle vérifie des lots différents selon chaque produit :**

Production	P1	P2
Nombre de lots	2 lots	10 lots
Taille du lot	750	50
Quantités	1 500 u.	500 u.

- ❑ a. 3 500 € pour le coût de l'activité Contrôle
- ❑ b. le coût du lot contrôlé par produit vaut : 4,67 € par P1 et 70€ par P2
- ❑ c. le coût unitaire imputé finalement est de : 60,67 € /P1 et 98,00 € /P2
- ❑ d. les trois réponses sont exactes

106 **Dans l'analyse en coût complet par activités (ABC) :**

- ❑ a. on ne calcule que le coût des activités
- ❑ b. on peut mieux mesurer les valeurs perçues et non plus simplement produites
- ❑ c. les charges consomment des activités consommatrices de produits
- ❑ d. les trois réponses sont exactes

107 **L'élaboration de la carte des activités dans l'analyse (ABC) implique d'évaluer les ressources consommées par les activités en :**

- ❑ a. abolissant l'imputation rationnelle des charges indirectes aux divers coûts
- ❑ b. rendant les charges indirectes aux coûts, directes aux activités
- ❑ c. affectant les charges selon leur traçabilité
- ❑ d. les trois réponses sont exactes

108 **L'élaboration de la carte des activités dans l'analyse (ABC) implique de choisir des inducteurs de coûts qui :**

- ❑ a. étudient la composition d'une activité et mesurent la manière dont les objets de coûts consomment les activités
- ❑ b. permettent d'allouer le coût des activités grâce au nombre d'inducteurs consommés par les objets de coût
- ❑ c. montrent que l'inducteur établit une relation de causalité qui explique la consommation des ressources
- ❑ d. les trois réponses sont exactes

109 **L'élaboration de la carte des activités dans l'analyse du coût complet par activité (ABC) nécessite ensuite de la simplifier puis de regrouper les activités car :**

- ❑ a. la carte des activités est un système simplifié de traitement des données et des informations à transmettre
- ❑ b. il faut garder toutes les activités, même les activités peu consommatrices de ressources et faiblement créatrices de valeur
- ❑ c. il est nécessaire de regrouper les activités par facteurs de causalité
- ❑ d. les trois réponses sont exactes

110 **Critique des hypothèses implicites de l'ABC :**

- ❑ a. la notion d'activité reste ambiguë en l'absence de définition spécifique
- ❑ b. l'ABC suppose une adhésion sans faille de toute la chaîne de création de valeur
- ❑ c. simplicité des principes de l'ABC et forte complexité de sa mise en place
- ❑ d. les trois réponses sont exactes

111 **La méthode ABM (***Activity Based Management***) est un prolongement de l'ABC :**

- ❑ a. l'ABM dépasse la notion des coûts pour réorganiser l'entreprise et améliorer le rapport coût/valeur des activités
- ❑ b. la réingénierie améliore les processus de mesure de la performance : Coûts minimum, Qualité totale, Flexibilité constante, Délais abrégés
- ❑ c. le *benchmarking* (comparaison aux meilleurs) permet de se rapprocher de l'efficience des meilleurs
- ❑ d. les trois réponses sont exactes

112 **La corrélation de 92 % entre le coût d'un atelier et le temps d'une machine est donnée par «COEFFICIENT. DÉTERMINATION». Les charges indirectes = 8 000 € et le temps machine = 200 h. Ont été traitées 3 commandes avec : C1 = 100h, C2 = 60 h et C3 = 40 h.**

- ❑ a. les charges indirectes imputées à C1 = 4 000 €
- ❑ b. l'imputation des charges aux produits est de 800 €
- ❑ c. C2 supporte le plus de charges directes
- ❑ d. les trois réponses sont inexactes

113 **Les coûts fonctionnels se composent des coûts :**

- ❑ a. d'achats ou d'approvisionnement
- ❑ b. de production de biens (production) ou de services (servuction)
- ❑ c. de distribution ou de vente
- ❑ d. les trois réponses sont exactes

114 Le coût d'achat ou d'approvisionnement porte sur les :

- ❑ a. matières consommables qu'on retrouve dans le produit fini
- ❑ b. matières premières achetées et qui disparaissent à la production
- ❑ c. marchandises qui sont achetées et revendues en l'état
- ❑ d. les trois réponses sont exactes

115 Le coût d'achat ou d'approvisionnement se compose de coûts directs qui :

- ❑ a. sont constitués du prix d'achat et des frais d'achat et taxes récupérables (TVA)
- ❑ b. se composent de leur répartition (primaire et secondaire), puis de leur imputation au coût total des approvisionnements
- ❑ c. peuvent ne pas exister dans les charges du compte de résultat : les coûts supplétifs (coût du capital des actionnaires)
- ❑ d. les trois réponses sont exactes

116 Les stocks :

- ❑ a. de denrées consommées dans la période sont achetées durant cette période
- ❑ b. sont la destination du coût d'achat et du coût de production
- ❑ c. les stocks ne concernent que les denrées et produits achetés
- ❑ d. les trois réponses sont inexactes

117 La valorisation des fichiers stocks :

- ❑ a. les entrées en stock se font obligatoirement au coût direct
- ❑ b. les sorties de stocks se font en fin de période
- ❑ c. [stock initial + entrées = sorties + stock final ± écarts d'inventaire et d'incorporation]
- ❑ d. les trois réponses sont inexactes

118 La valorisation des sorties de stocks doit se faire :

- ❑ a. pour les biens fongibles, au coût unitaire moyen pondéré CUMP après chaque sortie
- ❑ b. selon l'épuisement chronologique : 1er Entré → 1er Sorti (Peps ou *Fifo* = *First In, First Out*)
- ❑ c. légalement selon l'épuisement chronologique, Dernier entré → 1er Sorti (Deps ou *Lifo Last In, First Out*)
- ❑ d. les trois réponses sont exactes

119 La valorisation des sorties de stocks peut se faire par :

- ❑ a. un coût estimé en attendant de traiter les informations des derniers achats
- ❑ b. un coût préétabli, la régularisation se fera en fin de période
- ❑ c. une valeur de remplacement si rotation très rapide du stock
- ❑ d. les trois réponses sont exactes

120 **La valorisation des sorties de stocks et du stock final, soit :**
1/4. Stock initial = 10 000 kg x 2€
10/4 . Entrées = 6 000 kg à 2€ et frais de 1 200€
22/4. Sorties = 8 000 kg
25/4. Entrées de = 10 000 kg x 1,90 € avec des frais de 1 500,00 €

- ❑ a. CUMP après chaque entrée ; la sortie est : 16 523 € et le stock final : 37 177 €
- ❑ b. CUMP sur toute la période ; la sortie est : 16 000 € et le stock final : 37 700 €
- ❑ c. PEPS (*Fifo*) ; la sortie est : 16 600 € et le stock final : 37 100 €
- ❑ d. les trois réponses sont inexactes

121 **Entrent dans la composition du coût de production :**

- ❑ a. les charges directes, comme la main-d'œuvre directe (MOD)
- ❑ b. la consommation des stocks de matières différente de celle calculée dans les fichiers stocks
- ❑ c. des charges indirectes incorporables mais non incorporées
- ❑ d. les trois réponses sont exactes

122 **Les encours de production :**

- ❑ a. sont des produits inachevés ayant atteint un stade déterminé de production
- ❑ b. leur valeur en début de période est déduite du coût de production de la période
- ❑ c. pour une période [encours début + charges de production = coût de production + encours finaux]
- ❑ d. les trois réponses sont exactes

123 **Les encours de production :**
Commande A = 14 000 € pour 10 000 u. achevés à 75 % en début période
Commande B = 20 000 u. traitée dans la période à 100 %
Commande C = 40 000 u. traitée dans la période à 80 %
Les charges d'atelier = 109 000 €

- ❑ a. Production Équivalente (PE) de la période = 5 450
- ❑ b. coût unitaire de la PE = 20 €/u. PE
- ❑ c. valeur encours final de C : 123 000 €
- ❑ d. les trois réponses sont inexactes

124 **Les coûts de distribution :**

- ❑ a. sont calculés pour tous les produits fabriqués
- ❑ b. = charges directes de distribution + charges indirectes de distribution + consommation des stocks de produits vendus
- ❑ c. font partie des coûts de revient
- ❑ d. les trois réponses sont inexactes

125 **Coût de revient =**

- ❑ a. coût de production des produits fabriqués + coût de distribution des produits fabriqués
- ❑ b. prix de revient
- ❑ c. coût de distribution + consommation des stocks des produits vendus
- ❑ d. les trois réponses sont inexactes

126 **Les produits joints, sous-produits et coproductions :**

❑ a. apparaissent simultanément lors du processus de production

❑ b. le coût des déchets, rebuts etc. vient généralement en déduction du coût de fabrication du produit principal

❑ c. la valeur du sous-produit est calculable en répartissant le coût de production entre produit principal et produits secondaires, etc.

❑ d. les trois réponses sont exactes

127 **Dans la méthode d'imputation rationnelle des charges fixes :**

❑ a. une activité est normale lorsqu'elle permet de dégager aussi bien un malus de sous-activité qu' un bonus de suractivité

❑ b. la sous-activité apparaît lorsque les charges fixes ont été plus faibles que ce qui aurait été nécessaire

❑ c. la sous-activité est un produit

❑ d. les trois réponses sont inexactes

128 **Dans la méthode d'imputation rationnelle des charges fixes :**

❑ a. on cherche à calculer un coût ajusté à l'activité réelle

❑ b. les charges doivent être séparées en charges variables et charges fixes

❑ c. le coût unitaire fixe varie en fonction de l'activité

❑ d. les trois réponses sont exactes

129 **Méthode d'imputation rationnelle des charges fixes. Exemple :**

	Normale	Hypothèse 1	Hypothèse 2
	1 000 h.	800 h.	1 200 h.
Ch. variables	4 000 k€	3 200 k€	4 800k€
Ch. fixes	2 000 k€	2 000 k€	2 000 k€
Coût total	6 000 k€	5 200 k€	6 800 k€

❑ a. les coûts unitaires respectifs : N = 6,00 k€, H1 = 6,50 k€, H2 = 5,67 k€

❑ b. les taux d'activités respectifs : N = 100 %, H1 = 80 %, H2 = 120 %

❑ c. les charges fixes imputées respectives : N = 2 000k€, H1 = 1 600 k€, H2 = 2 400 k€

❑ d. les trois réponses sont exactes

130 **Méthode d'imputation rationnelle des charges fixes. Exemple (suite) :**

❑ a. la sous-activité est dans l'hypothèse H1 = 400k€

❑ b. pour l'hypothèse 2, le gain de productivité > 400k€

❑ c. avant l'imputation rationnelle, les charges fixes unitaires sont variables et les variables unitaires sont fixes

❑ d. les trois réponses sont exactes

131 Méthode d'imputation rationnelle des charges fixes :

- ❑ a. les stocks doivent être évalués au coût complet imputé rationnellement en cas de suractivité
- ❑ b. en cas de sous-activité, celle-ci va gonfler les stocks et le résultat de la période
- ❑ c. en cas de suractivité, c'est le contraire
- ❑ d. les trois réponses sont exactes

132 Dans le modèle d'analyse des coûts partiels (coût variable ou direct costing) :

- ❑ a. le coût variable (ou opérationnel) est constitué de l'ensemble des charges qui varient avec l'activité
- ❑ b. les marges mesurent la capacité contributive des produits aux charges communes (fixes et indirectes)
- ❑ c. on vise une prise de décision à partir du niveau des différentes marges
- ❑ d. les trois réponses sont exactes

133 Pour l'analyse en coûts partiels (coût variable, direct costing…) :

- ❑ a. Marge sur coût variable de distribution = Chiffre d'affaires – Coût variable
- ❑ b. on prend en compte toutes les charges affectables dans l'analyse des coûts
- ❑ c. on prend en compte les charges fixes indirectes dans l'analyse des coûts
- ❑ d. les trois réponses sont inexactes

134 Pour l'analyse en coût partiel, sont, par exemple :

- ❑ a. variables et directes : les matières, les marchandises, les emballages, la main-d'œuvre directe et toutes les opérations ou produits soustraites
- ❑ b. directes et fixes : les amortissements de la période et tout ce qui est direct (personnel, locaux, consommation de biens et services)
- ❑ c. variables et indirects : certaines dépenses non affectables directement (systèmes de communication, de transport des biens et des personnes, etc.)
- ❑ d. les trois réponses sont exactes

135 Dans l'analyse en coûts partiels (coût variable ou direct costing), les charges :

- ❑ a. variables totales sont fixes à l'unité
- ❑ b. fixes totales sont fixes à l'unité
- ❑ c. fixes totales varient
- ❑ d. les trois réponses sont inexactes

136 Dans l'analyse en coûts partiels (coût variable, direct costing…) :

- ❑ a. taux de MSCV (marge sur coût variable) = MSCV / chiffre d'affaires
- ❑ b. MSCV + charges fixes = résultat analytique
- ❑ c. la MSCV totale peut être négative et le résultat analytique positif
- ❑ d. les trois réponses sont exactes

137 **Les limites de l'analyse en coûts partiels (coût variable, direct costing...) :**

- ❑ a. en excluant les charges fixes, il y a un risque de les voir déraper puisque hors contrôle
- ❑ b. par la décision d'abandon d'un produit, il y a un risque de coûts de réorganisation et d'augmentation des coûts indirects sur les autres produits
- ❑ c. cette analyse est pertinente à court terme mais ignore les décisions stratégiques : recherche-développement-innovation, nouveaux marchés, canaux, etc.
- ❑ d. les trois réponses sont exactes

138 **Le seuil d'équilibre (*breakeven point*, point mort), est :**

- ❑ a. le chiffre d'affaires (C_A) tel que le résultat est positif
- ❑ b. le chiffre d'affaires tel que la marge sur coût variable (MSCV) = 0
- ❑ c. abusivement appelé « seuil de rentabilité »
- ❑ d. les trois réponses sont inexactes

139 **Le seuil d'équilibre =**

- ❑ a. $(C_A - C_F)$*MSCV
- ❑ b. C_F / taux de marge sur coût variable (TMSCV)
- ❑ c. TMSCV
- ❑ d. les trois réponses sont exactes

140 **Le seuil d'équilibre. Exemple :**

- ❑ C_A = 200 u x 5 k€ = 1 000 k€ ; C_V ; 200 u. x 3 k€ = 600 k€ et Marge sur coût variable = 400 k€
- ❑ a. le taux de marge sur coût variable (TMS-CV) = 4 %
- ❑ b. le seuil d'équilibre en valeur est de : 750 k€
- ❑ c. le seuil d'équilibre en quantité est : 15 u.
- ❑ d. les trois réponses sont exactes

141 **Le seuil d'équilibre. Exemple (suite) : avec x le chiffre d'affaires, on peut montrer que le seuil est sur une fonction :**

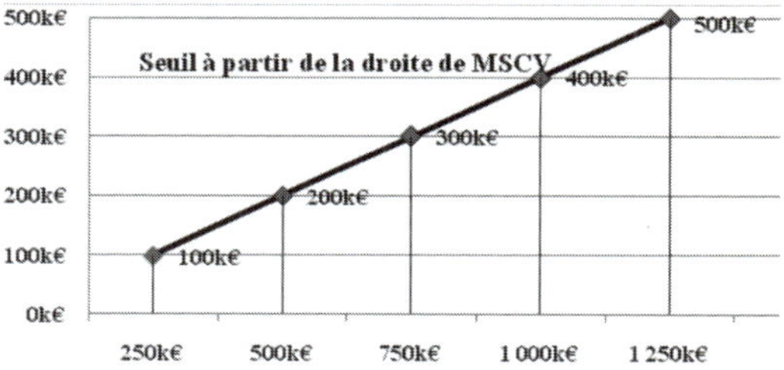

- ❑ a. la droite est celle du coût variable
- ❑ b. c'est une fonction affine
- ❑ c. le seuil est au point d'intersection [300 ; 300]
- ❑ d. les trois réponses sont exactes

142 **Le seuil d'équilibre. Exemple (suite) :**

- ❑ a. la date à laquelle est atteint ce seuil est d'environ 27 jours
- ❑ b. comme au seuil le résultat est nul on l'obtient alors en résolvant l'équation : 0,4x-300k€ = 0
- ❑ c. le seuil apparaît alors sur le graphique sur les ordonnées
- ❑ d. les trois réponses sont exactes

143 **Le seuil d'équilibre. Exemple (suite) : quantité maximale produite et vendue = 220 u. Il faut investir 2 000 k€ amortissable à 10 % constant pour produire 350 u avec un taux de marge sur coût variable inchangé :**

- ❑ a. les charges fixes ont augmenté annuellement de 200 k€
- ❑ b. les charges fixes sont égales à 1 000 k€
- ❑ c. le seuil est égal à 5 000 k€
- ❑ d. les trois réponses sont exactes

144 **Le seuil d'équilibre. Exemple (suite) :**

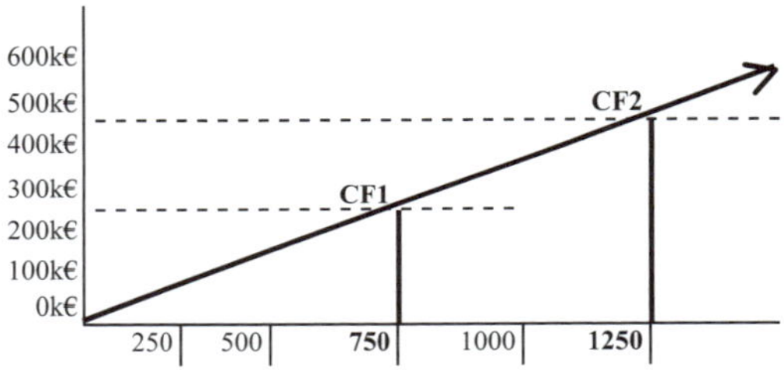

- ❑ a. avant la décision d'investir, le résultat valait au maximum 1 400 k€
- ❑ b. après la décision d'investir, le résultat vaudra au maximum 2 000 k€
- ❑ c. dans la nouvelle structure, pour un résultat équivalent à l'ancienne structure, le chiffre d'affaires devra être égal à 160 k€
- ❑ d. les trois réponses sont inexactes

145 **Le seuil d'équilibre. Exemple (suite) : l'investissement de 2 000 k€ est en service le 1/4. Le coût variable se réduit de 20 % et le chiffre d'affaires en quantités, uniforme sur la période, se monterait à 324 u.**

- ❑ a. le chiffre d'affaires fin mars serait de 405 k€
- ❑ b. la MSCV serait jusqu'à fin mars de 1 620 k€
- ❑ c. la MSCV serait dès début avril de 26 k€
- ❑ d. les trois réponses sont exactes

146 **Le seuil d'équilibre et la variation du taux de charges variables dans la période. Exemple (fin) :**

❑ a. le taux de marge sur coût variable passera alors à 5,2 %
❑ b. les charges fixes à couvrir pour atteindre le seuil seront de 33,8 k€
❑ c. le nouveau seuil est de 105,5 k€
❑ d. les trois réponses sont inexactes

147 **Le seuil d'équilibre S et les variations des ventes dans la période :**

Trimestre	CA	Cumulé	MSCV	Cumulée
1	500 k€	= 500 k€	150 k€	= 150 k€
2	1 000 k€	= 1 500 k€	300 k€	= 450 k€
3	2 000 k€	= 3 500 k€	600 k€	= 1 050 k€
4	800 k€	= 4 300 k€	240 k€	= 1 290 k€

70 % du CA sont des charges variables. Les charges fixes sont égales à 800 k€ :

❑ a. le taux de marge sur coût variable passera alors à 35 k€
❑ b. les charges fixes à couvrir pour atteindre le seuil s'élèveront à 17,5 k€
❑ c. le nouveau seuil est de 4 667 k€
❑ d. les trois réponses sont exactes

148 **Seuil d'équilibre S en cas de multi-productions :**

Produits	A	B	CF
MSCV	2 k€	6 k€	300 k€
CA	12 kg	8 kg	

❑ a. marge sur coût variable moyenne = 360k€
❑ b. seuil global en volume = 8,3 kg
❑ c. 3,3kg de produits A et 5kg de produits B
❑ d. les trois réponses sont exactes

149 **Un programme de production :**

❑ a. est une prévision d'activité à long terme
❑ b. précise les niveaux d'activité, de production, les volumes de facteurs consommés
❑ c. est plutôt exprimé en valeur
❑ d. les trois réponses sont exactes

150 **Le coût marginal Cm, expression mathématique :**

❑ a. d'un lot, est égal à : $\Delta CT/\Delta q = f\ (q+\Delta q)/\Delta q$
❑ b. est égal à la limite de $\Delta CT/\Delta q$ quand Δq tend vers l'infini
❑ c. cette limite est la primitive de la fonction du coût total
❑ d. les trois réponses sont exactes

151 **Le coût marginal Cm. Exemple : soit q la quantité (lots). Si la droite de tendance du coût total CT en fonction de q est la suivante : $6\ q^3 - 150\ q^2 + 8\ 000\ q$:**

- ❑ a. cette fonction de CT est donnée par la droite de tendance d'Excel
- ❑ b. le Cm est la dérivée seconde de cette fonction de q
- ❑ c. le Cm est égal à : $-300\ q^2 + 8000\ q + 18$
- ❑ d. les trois réponses sont exactes

152 **Le coût marginal Cm et l'optimum technique. Exemple (suite) :**

- ❑ a. $CM = (6q^3 - 150q^2 + 8\ 000q)/q$
- ❑ b. dérivée du CM, $CM' = 12q - 150q$
- ❑ c. optimum technique = q = 125
- ❑ d. les trois réponses sont exactes

153 **Rappel sur les dérivées. Si la fonction :**

- ❑ a. y = constante → dérivée y′ = 0
- ❑ b. y = x → dérivée y′ = 1
- ❑ c. $y = x^n$ → dérivée $y' = n.x^{n-1}$
- ❑ d. les trois réponses sont exactes

154 **Rappel sur les dérivées. Si la fonction :**

- ❑ a. $y = 1/x$ → dérivée $y' = -1/x^2$
- ❑ b. $y = a/x$ → dérivée $y' = -\ a/x^2$
- ❑ c. $y = \sqrt{x}$ → dérivée $y' = 1/2\sqrt{x}$
- ❑ d. les trois réponses sont exactes

155 **Rappel sur les dérivées. Si la fonction :**

- ❑ a. y = log(x) → dérivée y′ = 1/x
- ❑ b. y = u+ v → dérivée y′ = u′+ v′
- ❑ c. $y = e^x$ → dérivée $y' = e^x$
- ❑ d. les trois réponses sont exactes

156 **Rappel sur les dérivées. Si la fonction :**

- ❑ a. $y = 1/u$ → dérivée $y' = -\ u'/u^2$
- ❑ b. $y = u/v$ → dérivée $y' = (u'.v - u.v')/v^2$
- ❑ c. y = u.v → dérivée y′ = u′.v + u.v′
- ❑ d. les trois réponses sont exactes

157 **Le coût marginal Cm et l'optimum technique. Le Cm :**

- ❑ a. dépend de la qualité des lots à produire
- ❑ b. est le niveau de production tel que le Coût moyen CM est moyen
- ❑ c. vaut dans ce cas le Coût moyen CM
- ❑ d. les trois réponses sont exactes

158 **Le coût marginal Cm. L'optimum économique est tel que :**

- ❑ a. Résultat marginal = Chiffre d'affaires marginal – Coût marginal
- ❑ b. le niveau de production qui maximise le chiffre d'affaires (CA)
- ❑ c. la Recette marginale Rm = Bénéfice marginal Bm
- ❑ d. les trois réponses sont exactes

159 **Le coût marginal Cm. L'optimum économique est tel que :**

- ❑ a. le coût total = primitive du Cm
- ❑ b. le résultat est minimum quand sa dérivée première s'annule : Rq = CA'q – CT'q
- ❑ c. la recette marginale Rm = Coût moyen CM
- ❑ d. les trois réponses sont exactes

160 **Le coût marginal Cm et l'optimum économique. Exemple (fin) : si le prix de vente du dernier lot, donc la Rm = 7 550 € :**

- ❑ a. chiffre d'affaires total = Rq = $-6q^3+150q^2 - 450q$
- ❑ b. dérivée = $-18q^2 + 300q - 450$
- ❑ c. q = 15
- ❑ d. les trois réponses sont exactes

161 **Primitives**

- ❑ a. $y = 2x - 5$ a comme primitive $x^2 - 5x + b$
- ❑ b. $y = 6x^2 - 20x - 5$ a comme primitive $2x^3 - 10x^2 - 5x + b$
- ❑ c. $y = x^2 - 8x + 12$ a comme primitive $1/3\ x^3 - 4x^2 + 12x + b$
- ❑ d. les trois réponses sont exactes

162 **Le coût marginal Cm en graphique :**

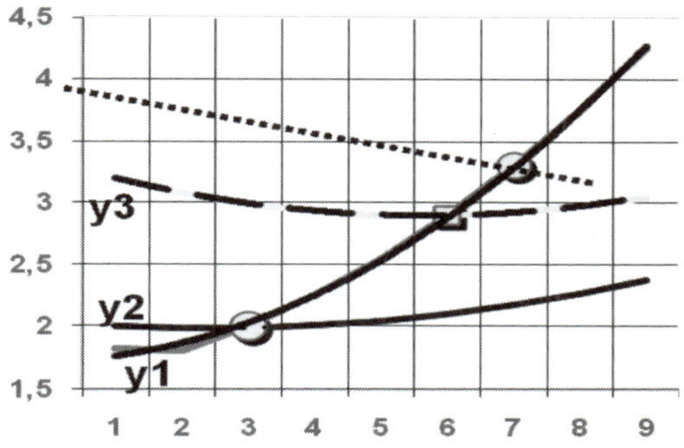

- ❑ a. la courbe y1 en trait plein est la fonction du Cm
- ❑ b. la courbe y2 en pointillés à large trait est celle du CM
- ❑ c. le trait en pointillé à pente négative est une fonction du prix
- ❑ d. les trois réponses sont exactes

163 **Le coût marginal (Cm) et l'optimum technique : le point d'intersection :**

- ❑ a. entre y1 et y2, exprime le cas où on peut ramener le Cm au coût variable
- ❑ b. entre y1 et y3, exprime l'optimum technique
- ❑ c. entre y1 et la droite en pointillés, exprime l'optimum économique
- ❑ d. les trois réponses sont exactes

164 **Si la relation qui lie le coût marginal Cm et les quantités vendues est de la forme : Cm = 0,3 q² – 10 q + 80 et la recette marginale (Rm) est : – 15 q + 1 200. Alors,**

- ❑ a. le coût total CT (coût de revient CR) = $0{,}10\ q^3 - 5\ q^2 + 80\ q$
- ❑ b. le coût moyen CM = CT/q = $0{,}1\ q^2 - 5\ q + 80$
- ❑ c. l'optimum économique = q = 53
- ❑ d. les trois réponses sont exactes

165 **Le coût marginal (Cm) permet :**

- ❑ a. de décider d'une acceptation ou du refus sur le quantifiable d'une commande supplémentaire
- ❑ b. de favoriser des tarifs différenciés et adaptés aux catégories de demandes (trains, hôtels, avions, etc. = *yield management*)
- ❑ c. d'évaluer les PCI au Cm
- ❑ d. les trois réponses sont exactes

166 **Le coût marginal (Cm). Ses limites sont les suivantes :**

- ❑ a. on devrait accepter toute demande tant que : Rm > Cm
- ❑ b. les clients qui ont payé un prix apprécient mal des prix différenciés s'ils n'en n'ont pas bénéficié
- ❑ c. l'image de marque de soldeur, de braderie, etc.
- ❑ d. les trois réponses sont exactes

167 **Le coût marginal (Cm) :**

- ❑ a. est la différence entre les charges nécessaires à une production et celles nécessaires à cette même production majorée ou minorée d'une unité
- ❑ b. est la variation du coût total ΔCT pour un lot ou une série supplémentaire.
- ❑ c. si on étend la définition à n'importe quel lot → Cm = ΔCT / q
- ❑ d. les trois réponses sont exactes

168 **Le coût marginal Cm est égal au coût :**

- ❑ a. variable du lot supplémentaire si les charges fixes sont constantes (malgré le lot supplémentaire)
- ❑ b. moyen du lot supplémentaire + les charges fixes du lot supplémentaire
- ❑ c. variable à l'optimum
- ❑ d. les trois réponses sont exactes

3.3 La structuration de l'organisation en centres de responsabilité

169 Les prix de cession interne (PCI). Leur but est de motiver les responsables en transposant dans toute l'entreprise les contraintes concurrentielles. La direction peut soit :

- ❑ a. laisser les responsables négocier à l'intérieur les PCI (risque d'agence)
- ❑ b. établir une politique centralisée de PCI
- ❑ c. les imposer
- ❑ d. les trois réponses sont exactes

170 Les prix de cession interne (PCI) :

- ❑ a. valorisent le transfert entre un centre vendeur et un centre acheteur
- ❑ b. sont fixables par référence au marché (benchmark)
- ❑ c. sont fixables au coût des produits cédés plus une marge
- ❑ d. les trois réponses sont exactes

171 Les prix de cession interne (PCI). Leur objectif est de motiver les personnels car ils :

- ❑ a. permettent l'allocation optimale des ressources et l'optimisation du profit de l'entité
- ❑ b. incitent les responsables à être compétitifs et réactifs
- ❑ c. doivent inciter les responsables à optimiser leur performance
- ❑ d. les trois réponses sont exactes

172 Les prix de cession interne (PCI). Leur objectif est de contrôler la performance des centres de responsabilité. En effet :

- ❑ a. ils permettent de juger le résultat de la gestion des centres de profit, en fonction des ressources consommées par un autre centre et de la chaîne de valeur créée
- ❑ b. sans PCI, les consommations inter-entités paraîtraient gratuites, et des centres d'activité confisqueraient le résultat d'autres centres
- ❑ c. ils permettent de corréler les bons et les mauvais résultats
- ❑ d. les trois réponses sont exactes

173 Les prix de cession interne (PCI). Leur objectif est de motiver les managers. En effet :

- ❑ a. ils doivent permettre la convergence des buts personnels et des objectifs globaux de l'organisation
- ❑ b. si le PCI > prix du marché, le centre acheteur peut en principe acheter sur le marché et réduire au minimum ses achats internes
- ❑ c. si le PCI > prix du marché, le centre producteur va dégager une sous-activité dont le coût sera supporté par le centre et par le groupe
- ❑ d. les trois réponses sont exactes

174 **Les prix de cessions interne (PCI) : la fixation du PCI par rapport au marché. Le prix :**

- ❑ a. réel du marché va apprécier la profitabilité à court terme d'une *business unit*
- ❑ b. du marché net = prix de marché – coût commercial – coût de transaction
- ❑ c. du marché net, n'existe que s'il existe des produits similaires sur le marché
- ❑ d. les trois réponses sont exactes

175 **Les prix de cession interne (PCI). Leur fixation peut se faire par rapport au coût si :**

- ❑ a. il n'existe pas de marché correspondant au produit proposé
- ❑ b. il existe un marché mais les informations sont trop difficiles à obtenir
- ❑ c. le marché n'est pas suffisamment concurrentiel
- ❑ d. les trois réponses sont exactes

176 **Les prix de cession interne (PCI). Leur fixation par rapport aux coûts peut se faire :**

- ❑ a. au coût complet réel, mais il transfère la sous ou suractivité aux centres avals sans qu'ils soient responsables
- ❑ b. au coût standard, mais à condition de le réviser de temps à autre
- ❑ c. au coût partiel
- ❑ d. les trois réponses sont exactes

177 **Les prix de cession interne (PCI). Leur fixation par rapport au coût marginal peut se faire :**

- ❑ a. au coût marginal du centre vendeur + coût d'opportunité de l'entreprise
- ❑ b. au coût variable à court terme dans tous les cas
- ❑ c. au coût variable à long terme et aux coûts directs à court terme
- ❑ d. les trois réponses sont exactes

178 **Les prix de cession interne (PCI). Les critères de choix de fixation en fonction de la nature du centre. Pour un centre :**

- ❑ a. de profit pur avec des seuls objectifs de maximisation du profit, le PCI doit être le prix de marché
- ❑ b. de revenu avec l'objectif de maximisation de la profitabilité en interne, le PCI doit être au coût complet ou bien au coût marginal + une marge
- ❑ c. de coût avec un objectif de performance (coût minimum, qualité totale, flexibilité maximale, délais brefs), le PCI doit se faire au coût complet ou au coût marginal
- ❑ d. les trois réponses sont exactes

179 **Les prix de cession interne (PCI). Ils peuvent être imposés par la direction lorsque :**

- ❑ a. les conditions du conflit n'existent pas entre les centres
- ❑ b. les cessions internes sont fréquentes
- ❑ c. une commande exceptionnelle est reçue par un centre
- ❑ d. les trois réponses sont exactes

180 **Les prix de cession interne (PCI) et le modèle d'Eccles où dans les organisations de type :**

- ❑ a. concurrentiel, les structures sont simples au sens de Mintzberg (jeunes, de petite taille, souvent mono-produit), les PCI n'ont pas d'intérêt
- ❑ b. coopératif, elles sont fortement intégrées et faiblement diversifiées (agroalimentaire, etc.) sont de grande taille avec une bureaucratie mécaniste
- ❑ c. participatif, à gestion décentralisée et contrôle financier, les centres peuvent s'approvisionner sur le marché (sans débouchés assurés). Le PCI est au prix de marché
- ❑ d. les trois réponses sont exactes

181 **La *business unit* BU 1 d'une entreprise fabrique des pièces à livrer à la BU 2 qui doit s'approvisionner auprès de BU1 pour un produit fini.**

BU1			
Coût fixe	**variable**	**lot**	**PCI/lot**
110 000 €	55 €/lot	1000 P	85 000 €

BU2		
Coût fixe	**variable**	**lot**
65 000 €	19 €/lot	1000 u.

BU 2 Prix de vente décroissant				
1 lot	**2 lots**	**3 lots**	**4 lots**	**5 lots**
210 000€	370 000 €	490 000 €	570 000 €	610 000 €

- ❑ a. 3 lots est l'optimum économique pour la BU1
- ❑ b. 5 lots est l'optimum économique pour la BU2
- ❑ c. 4 lots est l'optimum économique de l'entreprise
- ❑ d. les trois réponses sont exactes

3.4 Les outils et procédures de la gestion budgétaire

182 **Le budget est un outil de :**

- ❑ a. simulation des occurrences à venir
- ❑ b. motivation des personnels
- ❑ c. prévention des conflits
- ❑ d. les trois réponses sont exactes

183 **Les budgets :**

- ❑ a. sont une valorisation de la mise en œuvre d'un programme
- ❑ b. des budgets aval portent sur les ventes, la production, la commercialisation, l'administration, etc.
- ❑ c. des budgets amont portent sur le financement, les investissements, la trésorerie
- ❑ d. les trois réponses sont exactes

184 **Un budget flexible comporte des charges :**

- ❑ a. fixes quelles que soient les hypothèses d'activité
- ❑ b. variables en fonction de l'activité
- ❑ c. indirectes
- ❑ d. les trois réponses sont exactes

185 **Le budget des services généraux :**

- ❑ a. concerne de nombreux services administratifs
- ❑ b. ne doit jamais être reconduit d'une année sur l'autre
- ❑ c. est établi de manière corrélée avec l'activité
- ❑ d. les trois réponses sont exactes

186 **Le risque budgétaire :**

- ❑ a. les objectifs placés de manière trop ambitieuse démotivent les responsables et les opérationnels
- ❑ b. si les objectifs sont placés de manière trop basse, l'entité est bien mise sous tension
- ❑ c. est d'annuler les analyses d'écarts
- ❑ d. les trois réponses sont exactes

187 **Un centre de coût :**

- ❑ a. est constitué de charges et de produits
- ❑ b. la performance y est déclinée ainsi : Coûts minimum, Qualité totale, Flexibilité constante, Délais très courts, pour une stratégie de domination par les coûts
- ❑ c. doit faire des boni de sous-activité
- ❑ d. les trois réponses sont exactes

188 **Un centre de produits :**

- ❑ a. n'a que des produits et quelques charges directes imputées
- ❑ b. a comme risque de voir le responsable baisser les prix (au détriment de la profitabilité) pour augmenter le chiffre d'affaires
- ❑ c. a comme risque de voir le responsable vendre à des clients douteux ou litigieux au détriment de la trésorerie
- ❑ d. les trois réponses sont exactes

189 **Un centre de résultat :**

- ❑ a. est jugé sur son différentiel entre les produits du centre et les charges générales
- ❑ b. doit avoir comme responsable un manager ayant seulement la maîtrise technique des coûts
- ❑ c. calcule les marges sur coût direct, variable, spécifique, etc.
- ❑ d. les trois réponses sont exactes

190 **Programme prévisionnel des ventes et courbe de vie d'un produit :**

- ❑ a. phase 1 = lancement
- ❑ b. phase 2 = maturité
- ❑ c. phase 3 = croissance
- ❑ d. les trois réponses sont exactes

191 **Programme prévisionnel des ventes et courbe de vie d'un produit. En phase de :**

- ❑ a. lancement, les ventes progressent fortement
- ❑ b. croissance, les études de marché sont déterminantes
- ❑ c. maturité, on a un marché de renouvellement des biens
- ❑ d. les trois réponses sont inexactes

192 **Programme prévisionnel des ventes et courbe de vie d'un produit sur 4 années :**

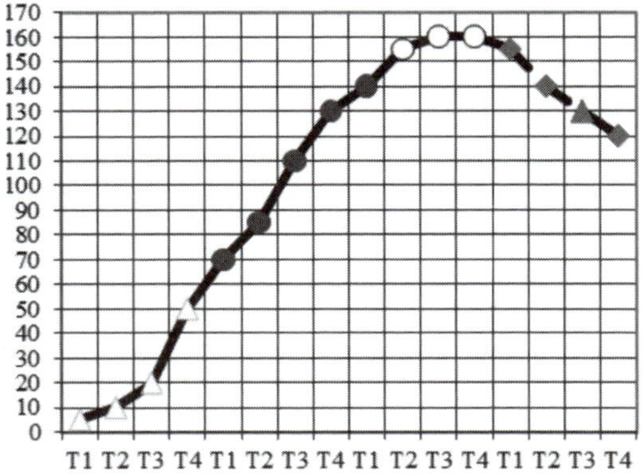

- ❑ a. phase 1 = lancement correspond aux 4 premiers trimestres
- ❑ b. phase 2 = croissance la 2e année
- ❑ c. phase 3 = maturité, une partie de la 3e année
- ❑ d. les trois réponses sont exactes

193 **Ajustement linéaire d'une série à une variable : suivi des ventes entre vendeurs et unités vendues par semaine :**

A	B	C	D	E	F	G	H	I	J	K	L
6	15,5	10	6	10	12	4	16	14	13	12	5

- ❑ a. on doit compter à la main le nombre de valeurs
- ❑ b. 11 kg vendus par semaine en moyenne
- ❑ c. 3 kg environ de dispersion autour de cette moyenne
- ❑ d. les trois réponses sont exactes

194 **Ajustement linéaire d'une série à deux variables :**

- ❑ a. l'ajustement linéaire recherche la fonction qui ajuste le mieux les points (coordonnées)
- ❑ de chaque variable
- ❑ b. la régression linéaire assimile un nuage de points à une droite de tendance
- ❑ c. une des variables est l'explicative et l'autre celle dont on veut expliquer le comportement
- ❑ d. les trois réponses sont exactes

195 Ajustement linéaire d'une série à deux variables. La covariance (fonction «COVARIANCE.STANDARD»), soit :

❑ a. La covariance est de -0,1 donc il n'y a aucun lien entre ces deux variables

X	1	1	2	3	4
y	2	3	1	3	2

❑ b. La covariance est de 0,9 → lien très fort entre la progression d'une variable et celle de l'autre (vente de mobiles et abonnements FAI)

X	1	1,5	2	3,5	4
y	1	2	2	2,5	3

❑ c. La covariance est de -0,7 → les deux variables évoluent de sens contraire (le prix et les quantités vendues ou achetées)

X	1	2	2,5	3	4
y	2	2,5	2	1	0,5

❑ d. les trois réponses sont exactes

196 Régression linéaire. Elle assimile un nuage de points à une droite. Soit :

X	1	2	3	4	5	6
y	1	2	4	2	4	4

❑ a. le graphique se présente ainsi avec Excel®

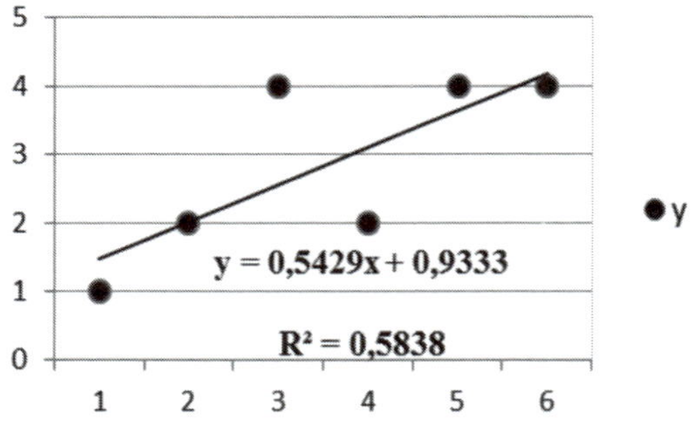

❑ b. la droite de tendance donnée par Excel® est linéaire

❑ c. la droite de tendance donnera une mauvaise prévision

❑ d. les trois réponses sont exactes

197 **Régression non linéaire qui n'assimile pas un nuage de points à une droite. Soit :**

X	0,5	1	2	3	4
y	0,5	0,5	0,75	1,5	3,5

❑ a. Le graphique se présente ainsi sur Excel®

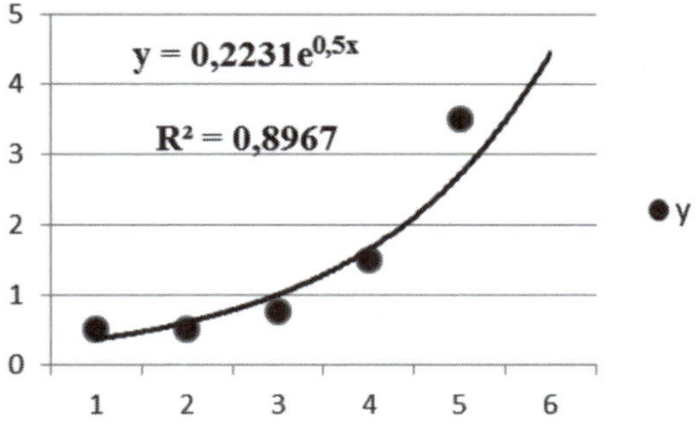

❑ b. la droite de tendance donnée par Excel® est exponentielle

❑ c. la droite de tendance donnera une bonne prévision

❑ d. les trois réponses sont exactes

198 **Régression non linéaire qui n'assimile pas un nuage de points à une droite :**

soit les données suivantes :

X	0,5	1	2	3	4
y	0,5	2	3	3,5	3,75

Le graphique se présente ainsi sur Excel®

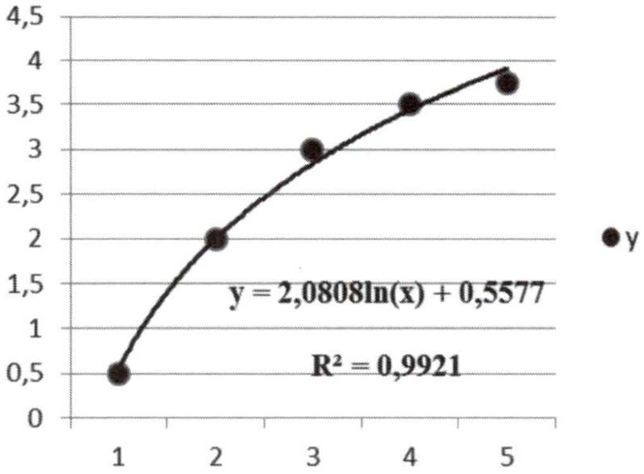

❑ a. la tendance donnée par Excel® est logarithmique

❑ b. la tendance donnera une bonne prévision

❑ c. R^2 est un coefficient de détermination

❑ d. les trois réponses sont exactes

199 **Corrélation entre 2 variables par la fonction «COEFFICIENT.CORRELLATION» :**

	Janvier	Février	Mars	Avril	Mai	Juin
Coûts en k€	1700	1900	2500	2200	2400	1900
H. main d'œuvre directe	10h	15h	38h	40h	30h	60h
h. machines	60h	180h	360h	300h	300h	120h

❑ a. le coefficient de corrélation entre les coûts et les heures machines = 0,96490128

❑ b. le coefficient de corrélation entre les coûts et les heures de MOD = 0,31925654

❑ c. la corrélation entre les coûts et les heures machines est presque parfaite

❑ d. les trois réponses sont exactes

200 **Corrélation entre 2 variables (suite) et «COEFFICIENT.DETERMINATION» :**

❑ a. le coefficient de détermination est le carré du coefficient de corrélation

❑ b. le coefficient de détermination entre les coûts et les heures machines = 0,93103448

❑ c. le coefficient de détermination entre les coûts et les heures de main d'œuvre = 0,10192474

❑ d. les trois réponses sont exactes

201 **Moyennes mobiles (MM). Soit :**

		MM
T1	1000	*#N/A*
T2	1200	*#N/A*
T3	1400	***1200***
T4	1150	***1250***
T1	1050	***1200***
T2	1350	***1183***
T3	1500	***1300***
T4	1300	***1383***
T1	1100	***1300***
T2	1450	***1283***
T3	1700	***1417***
T4	1400	***1517***
T1	1250	***1450***
T2	1650	***1433***
T3	1850	***1583***
T4	1550	***1683***

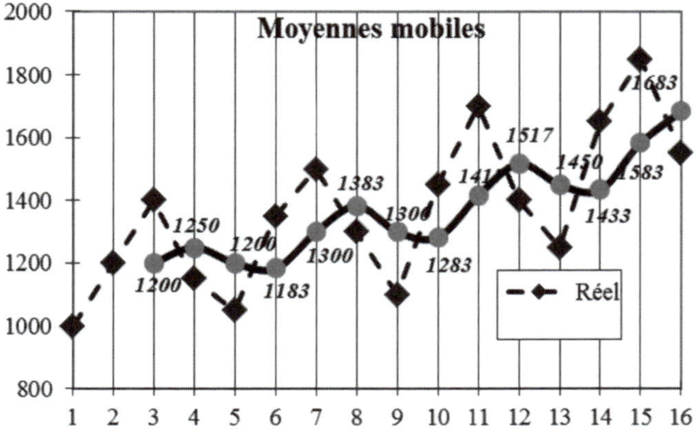

❑ a. les moyennes mobiles sont calculées avec la fonction «MOYENNE»

❑ b. les moyennes mobiles corrigent les phénomènes accidentels

❑ c. on n'a ni les informations du début ni la fonction de cette droite

❑ d. les trois réponses sont exactes

202 **Moyennes mobiles (MM). Soit :**

mois	0	1	2	3	4	5	6
Kg vendus	1	0	3	1	3	2	5
MM3		1,33	1,33	2,33	2,00	3,33	3,50

❑ a. les moyennes mobiles MM lissent les valeurs mensuelles

❑ b. MM3 = on somme 3 mois et on divise par 3 en ne décalant que de 1 mois

❑ c. en courte période, les MM varient beaucoup ; en longue période, les MM varient peu

❑ d. les trois réponses sont exactes

203 **La méthode des moindres carrés. Soit les données semestrielles de ventes :**

x	1	2	3	4	5	6
y	0,5	2	0,5	2,5	1	4

Alors apparaît : le graphique, la droite de tendance. son équation et R^2 sont :

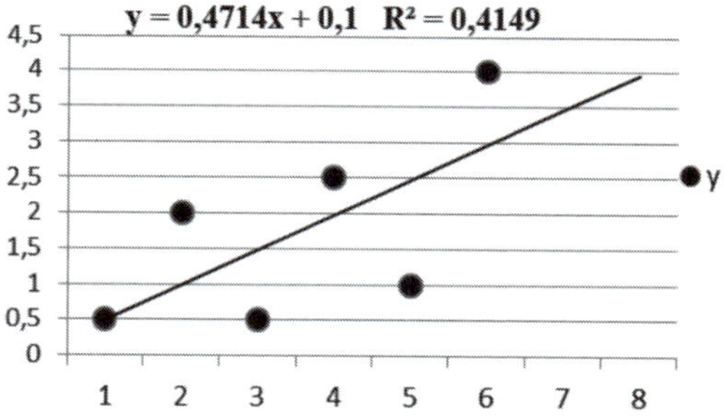

❑ a. la fonction «COEFFICIENT.DETERMINATION» indique 0,41485714

❑ b. la fonction «PENTE» indique «a» soit 0,47142857

❑ c. la fonction «ORDONNEE.ORIGINE» indique précisément «b» soit 0,1

❑ d. les trois réponses sont exactes

204 **Les moyennes. Soit 5 notes obtenues sur l'appréciation d'un produit :**

4	6	6	10	14

- ❑ a. la Moyenne arithmétique se calcule en faisant la Σ des éléments et en le rapportant par le nombre d'éléments. La moyenne arithmétique = 8
- ❑ b. la Médiane correspond au nombre situé au milieu d'un groupe de nombres, ainsi50 % des nombres ont une valeur supérieure à la médiane et 50 % une valeur inférieure à la médiane. Ici = 6
- ❑ c. on appelle Mode le nombre le plus fréquent parmi un ensemble de nombres. Ici = 6
- ❑ d. les trois réponses sont exactes

205 **Les moyennes. Soit le suivi de la croissance d'un produit sur 6 ans :**

Années considérées	1	2	3	4	5	6
Taux de croissance	4%	0,5%	8%	7%	11%	4%

- ❑ a. avec la fonction «MOYENNE» le taux moyen = 6% mais il est erroné
- ❑ b. pour tenir compte des paliers antérieurs, on utilise «MOYENNE.GEOMETRIQUE» = 5,477%
- ❑ c. la Moyenne arithmétique peut être pondérée
- ❑ d. les trois réponses sont exactes

206 **Gestion des approvisionnements et des stocks. La gestion optimale des stocks doit :**

- ❑ a. réduire au minimum le niveau des stocks
- ❑ b. éviter à tout prix la rupture des stocks
- ❑ c. améliorer le besoin en fonds de roulement
- ❑ d. les trois réponses sont exactes

207 **Budget des approvisionnements et gestion optimale des stocks :**

- ❑ a. certains produits doivent être suivis de manière optimale
- ❑ b. la règle des 20/80, dite de Pareto, choisit les produits qui doivent être optimisés
- ❑ c. les achats à bas coût font peser un risque sur la qualité des produits finaux
- ❑ d. les trois réponses sont exactes

208 **Budget des approvisionnements et gestion optimale des stocks. Exemple, dans le classement de Pareto :**

Denrées	1	2	3	4	5	6	7	8
Coût/ u.	6 €	2 €	3 €	12 €	3 €	8 €	19 €	5€
Conso.	10kg	8kg	12kg	25kg	8kg	7kg	31kg	6kg
Valeur	60 €	16 €	36 €	300 €	24 €	56 €	589 €	30€

- ❑ a. les deux premiers produits en importance des valeurs sont 7 et 4
- ❑ b. les deux derniers produits en importance des valeurs sont 5 et 2
- ❑ c. 1/4 des produits font 889/111des valeurs totales
- ❑ d. les trois réponses sont exactes

209 **Budget des approvisionnements et gestion des stocks optimale. Exemple (fin) :**

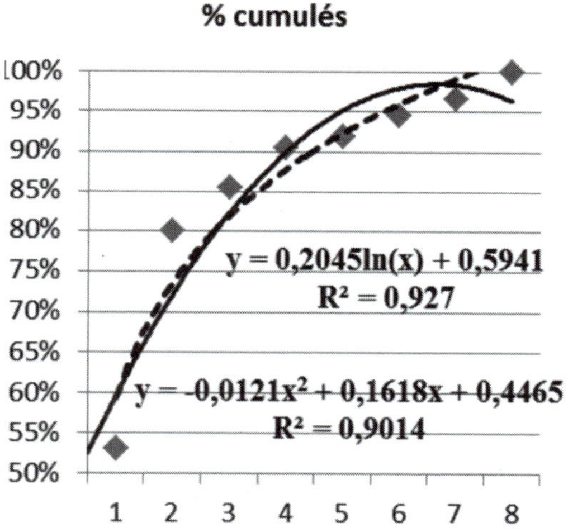

- ❑ a. la courbe de tendance est une fonction logarithmique (pointillés)
- ❑ b. la courbe de tendance peut s'exprimer par une fonction polynômiale
- ❑ c. la règle des 20/80 est ici respectée
- ❑ d. les trois réponses sont exactes

210 **Modèle de gestion optimale des stocks en avenir lisible :**

- ❑ a. il est basé sur le modèle de Wilson
- ❑ b. il doit éliminer les quantités optimales à commander Q et le nombre N optimal de commandes à passer
- ❑ c. il permet de maximiser le coût d'approvisionnement
- ❑ d. les trois réponses sont exactes

211 **Modèle de gestion optimale des stocks en avenir lisible :**

- ❑ a. la « demande » D est le besoin quantitatif de denrées et produits nécessaires durant la période étudiée
- ❑ b. le coût de stockage Cs est un coût unitaire appelé aussi taux de possession t% appliqué à la quantité de stock moyen détenu
- ❑ c. le coût de lancement (passation) d'une commande, notée Cl, est composé des charges nécessaires pour se passer d'une commande
- ❑ d. les trois réponses sont exactes

212 **Modèle de gestion optimale des stocks en avenir lisible. Avec Q la quantité optimale de réapprovisionnement et D la demande :**

- ❑ a. la période P est la durée pour une gestion optimale du stock
- ❑ b. la fréquence de réapprovisionnement N = Q/D
- ❑ c. le coût total de gestion du stock CT = Cl (lancement) + Cs (stockage) – Cp (pénurie)
- ❑ d. les trois réponses sont exactes

213 **Modèle de gestion optimale des stocks en avenir lisible. Le modèle de Wilson suppose :**

- ❑ a. la demande irrégulière en avenir lisible
- ❑ b. que les réapprovisionnements se fassent avec des ruptures de stock possibles
- ❑ c. que la constitution d'un stock de sécurité soit intégrée
- ❑ d. les trois réponses sont exactes

214 **Modèle de gestion optimale des stocks en avenir lisible. Les fonctions du modèle de Wilson**

- ❑ a. coût de lancement = charges de lancement unitaire Cl / N (nombre de commandes)
- ❑ b. coût de possession = charges de stockage unitaire Cs / Sm (stock moyen)
- ❑ c. coût total CT = Cs x D/Q + Cs x Q/2 (stock moyen) x P (=1 si on réassortit 1 fois dans la période)
- ❑ d. les trois réponses sont exactes

215 **Modèle de gestion optimale des stocks en avenir lisible. Les fonctions du modèle de Wilson, pour l'optimum :**

- ❑ a. on annule le coût total
- ❑ b. le coût de lancement Cl est différent du coût de possession du stock Cs
- ❑ c. il permet de déterminer la quantité optimale Q et le nombre de fois N qu'il faut se réapprovisionner
- ❑ d. les trois réponses sont exactes

216 **Modèle de gestion optimale des stocks en avenir lisible. Exemple d'application du modèle de Wilson : consommation de matière de la période**

Janv.	Fév.	Mars	Avril	Mai	Juin	Juil.	Août	Sept.	Oct.	Nov.	Déc.
200kg	150kg	250kg	250kg	200kg	200kg	150kg	50kg	200kg	250kg	250kg	250kg

Avec 20 € de coût d'achat unitaire, 60 € de coût de lancement unitaire de commande Cl et 9% de coût de possession en % du stock moyen Cs :

- ❑ a. consommation totale = 2 400 kg
- ❑ b. consommation totale en valeur = 4 800 €
- ❑ c. coût de passation en fonction de N = 6 €
- ❑ d. les trois réponses sont exactes

217 **Modèle de gestion optimale des stocks en avenir lisible. Exemple d'application du modèle de Wilson (suite) :**

- ❑ a. 4.320 / 2N de coût de possession fonction de N
- ❑ b. N^2 vaut ainsi 36
- ❑ c. le nombre de commandes optimal N est égal à 6
- ❑ d. les trois réponses sont exactes

218 **Modèle de gestion optimale des stocks en avenir lisible. Exemple d'application du modèle de Wilson (suite). On :**

- ❑ a. commande 6 fois une quantité variable en fonction de Q
- ❑ b. commande tous les 2 mois (N = 6) une quantité fixe
- ❑ c. est livré de ce qu'on a commandé
- ❑ d. les trois réponses sont exactes

219 **Budget des approvisionnements et gestion optimale des stocks en avenir lisible. Exemple d'application du modèle de Wilson (suite) :**

- ❑ a. le coût total est minimum pour un nombre de commande dans la période, soit N = 6
- ❑ b. a l'optimum, le coût de stockage Cs = coût de lancement Cl
- ❑ c. le coût total CT augmente avant et après le nombre optimal de commande N = 6
- ❑ d. les trois réponses sont exactes

220 **Budget des approvisionnements et gestion optimale des stocks en avenir lisible. Exemple d'application du modèle de Wilson (suite) :**

- ❑ a. 40 kg de quantité optimale Q (politique 1) à s'approvisionner pour chacune des commandes
- ❑ b. 800 € représente le coût de chaque livraison
- ❑ c. la fréquence (politique 2) des commandes est tous les deux mois
- ❑ d. les trois réponses sont exactes

221 **Budget des approvisionnements et gestion optimale des stocks en avenir lisible (suite de l'exemple et graphiques du modèle de Wilson) :**

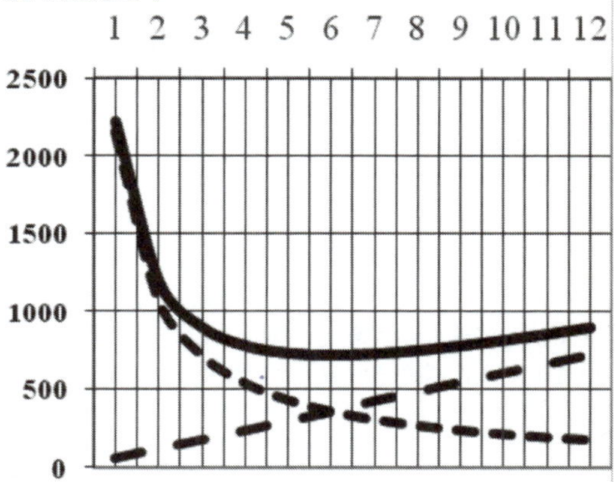

- ❑ a. la droite représente le coût de lancement ou de passation des commandes en fonction de N
- ❑ b. l'hyperbole en pointillés représente le coût de stockage ou de possession du stock
- ❑ c. la courbe enveloppe hyperbolique en trait continu est la somme des deux courbes et représente le coût total
- ❑ d. les trois réponses sont exactes

222 **Budget des approvisionnements et gestion optimale des stocks en avenir lisible. Exemple d'application du modèle de Wilson (suite), consommation de la Période (Cf. question précédente)**

Janv.	Fév.	Mars	Avril	Mai	**Juin**
200kg	150kg	250kg	250kg	200kg	200kg

Juil.	**Août**	**Sept.**	**Oct.**	**Nov.**	**Déc.**
150kg	50kg	200kg	250kg	250kg	250kg

2 mois de délais moyen de livraison, 1 mois de marge de sécurité pour la politique 1 basée sur Q (le stock final d'un mois doit couvrir la consommation du mois suivant), 350 kg de stock début janvier. La Politique 1 d'approvisionnement avec une quantité constante Q = 400 kg = (2 400 kg/6) :

- ❑ a. 600 kg de stock maximum au mois de novembre
- ❑ b. 4 900 kg sont stockés sur la période
- ❑ c. 2 400 kg ont été livrés sur la période
- ❑ d. les trois réponses sont exactes

223 **Budget des approvisionnements et gestion optimale des stocks en avenir lisible. Exemple d'application du modèle de Wilson (suite) :**

- ❑ a. 500 kg de stock maximum au mois de février et fin octobre
- ❑ b. 3 900 kg sont stockés sur la période
- ❑ c. 2 400 kg ont été livrés sur la période
- ❑ d. les trois réponses sont exactes

224 **Budget des approvisionnements et gestion optimale des stocks en avenir lisible. Exemple d'application du modèle de Wilson (fin) :**

- ❑ a. la politique 1 est meilleure pour l'organisation d'une grande entreprise
- ❑ b. la politique 2 est meilleure pour l'organisation d'une petite entreprise
- ❑ c. on stocke moins dans la politique 2
- ❑ d. les trois réponses sont exactes

225 **Budget des approvisionnements et gestion optimale des stocks en avenir lisible. Limites du modèle de Wilson :**

- ❑ a. les ruptures de stocks sont ignorées
- ❑ b. les quantités commandées sont sans influence sur les prix d'achat
- ❑ c. le stock de sécurité doit être ajouté hors modèle
- ❑ d. les trois réponses sont exactes

226 **Budget des approvisionnements et gestion optimale des stocks en avenir lisible. Intégration d'un stock d'alerte qui :**

- ❑ a. correspond au déclenchement d'une commande
- ❑ b. assure la demande durant le délai de livraison
- ❑ c. permet de maintenir le niveau de stock de sécurité
- ❑ d. les trois réponses sont exactes

227 **Budget des approvisionnements et gestion optimale des stocks en avenir lisible. Intégration d'un stock d'alerte :**

- ❑ a. il est égal à la consommation pendant le délai de livraison + le stock de sécurité
- ❑ b. si le délai de livraison > à la durée d'approvisionnement, il faut considérer les commandes en cours
- ❑ c. il peut être déterminé algébriquement et graphiquement
- ❑ d. les trois réponses sont exactes

228 **Budget des approvisionnements et gestion optimale des stocks en avenir lisible. Exemple de tarifs variables : soit pour une période, une demande D = 900 kg, un coût du stockage Cs = 5% du stock moyen et un coût de lancement Cl = 790 €. Avec la tarification suivante :**

Tarification	< 100kg	Normale	≥ 300kg
Prix p =	380 €	340 €	290 €

- ❑ a. le chiffre d'affaires (CA) ou Demande = 342 000 € + 19 Q + 711 000 / Q
- ❑ b. sa dérivée est : 711 000 /Q^2 + 19
- ❑ c. quantité : Q = 100kg
- ❑ d. les trois réponses sont exactes

229 **Budget des approvisionnements et gestion optimale des stocks en avenir lisible. Exemple de prix d'achat variables (suite) : donc, pour le tarif Maximum :**

- ❑ a. le chiffre d'affaires (CA) est : 261 000 € + 15 Q + 711 000 /Q
- ❑ b. sa dérivée : -711 000/Q^2 + 14,5
- ❑ c. la quantité : Q = 221,437 kg
- ❑ d. les trois réponses sont exactes

230 **Budget des approvisionnements et gestion optimale des stocks en avenir lisible. Exemple de prix d'achat variables (fin) : donc pour le tarif normal :**

- ❑ a. le chiffre d'affaires (CA) est : 306 000 € + 17Q + 711000/Q
- ❑ b. la dérivée : -711000/Q^2 + 17
- ❑ c. la quantité : Q = 204,508kg
- ❑ d. les trois réponses sont exactes

231 **Budget des approvisionnements et gestion optimale des stocks en avenir lisible. Prise en compte d'un coût de pénurie :**

- ❑ a. pour diminuer le coût du stockage, on limite au minimum le niveau du stock et risque d'avoir à gérer une pénurie
- ❑ b. dans ce cas, le niveau du stock final en fin de période n'assure pas la consommation de la période suivante
- ❑ c. le coût de pénurie est un coût d'opportunité
- ❑ d. les trois réponses sont exactes

232 Budget des approvisionnements et gestion optimale des stocks en avenir lisible. Prise en compte d'un coût de pénurie :

- ❑ a. avec Cp = coût de pénurie et Cs = coût de stockage, on a : taux de pénurie α = Cp/(Cp+Cs)
- ❑ b. le taux de pénurie permet de faire la liaison avec le modèle de Wilson
- ❑ c. avec S le stock et Q la quantité optimale → S / Q = α
- ❑ d. les trois réponses sont exactes

233 Budget des approvisionnements et gestion optimale des stocks en avenir lisible. Prise en compte d'un coût de pénurie (fin) :

- ❑ a. $Qp = Q\sqrt{1}/\alpha$
- ❑ b. $Np = N\sqrt{\alpha}$
- ❑ c. $Tp = T\sqrt{1}/\alpha$
- ❑ d. les trois réponses sont exactes

234 Budget des approvisionnements et gestion des stocks en avenir probable. Exemple, la demande mensuelle d'un produit suit *N*(800, 200). Coûts mensuels de stockage = 10€/u et de pénurie = 20€/u. Avec, le coût de gestion minimum pour le stock S est tel que [*P(D < S) = Cp / (Cp + Cs)*] alors le stock :

- ❑ a. optimal mensuel > 900 kg
- ❑ b. de sécurité > 90 kg
- ❑ c. de sécurité pour un taux de rupture de 5 % est > 330 kg
- ❑ d. les trois réponses sont inexactes

235 Budget des approvisionnements et gestion des stocks en avenir probabiliste. (Demande suit une variable discrète et ruptures de stock possibles). Exemple : Gestion des approvisionnements sans réassortiment possible mais toutes denrées non vendues sont perdues. 4€ de marge bénéficiaire unitaire avec un coût d'achat (perte en cas d'invendus) = 6 €. Les achats se font par 50u. Politique d'achat actuelle = vente probable maximum :

Achats possibles	0u.	50u.	100u.	150u.	200u.	250u.
Probabilités de vente	18 %	15 %	16 %	20 %	26 %	5 %

- ❑ a. politique d'achat actuelle = 200 u
- ❑ b. somme des probabilités de ventes est toujours égale à 1
- ❑ c. prix de vente = 10 €
- ❑ d. les trois réponses sont exactes

236 Budget des approvisionnements et gestion des stocks en avenir probabiliste. La demande suit une variable discrète et les ruptures de stock sont possibles (suite du cas) :

- ❑ a. on achète 100 u avec une demande de 100 u, on va vendre 100 u
- ❑ b. on achète 150 u. avec une demande de 50 u, on va vendre 50 u
- ❑ c. on achète 250 u avec une demande de 0 u, on va vendre 0 u
- ❑ d. les trois réponses sont exactes

237 Budget des approvisionnements et gestion des stocks en avenir probabiliste. La demande suit une variable discrète (suite du cas) :

- ❑ a. on achète 50 u avec une demande de 150 u, les invendus seront de 50 u.
- ❑ b. on achète 150 u avec une demande de 150 u, les invendus seront de 50 u.
- ❑ c. on achète 250 u avec une demande de 200 u, les invendus seront de 50 u.
- ❑ d. les trois réponses sont exactes

238 Budget des approvisionnements et gestion des stocks en avenir probabiliste. La demande suit une variable discrète (suite du cas) :

- ❑ a. on achète 50 u avec une demande de 0 u, le résultat sera de - 300 €
- ❑ b. on achète 250 u avec une demande de 100 u , le résultat sera de 500 €
- ❑ c. on achète 250 u avec une demande de 250 u, le résultat sera de - 1 000 €
- ❑ d. les trois réponses sont exactes

239 Budget des approvisionnements et gestion des stocks en avenir probabiliste. La demande suit une variable discrète (fin du cas) :

- ❑ a. le vecteur des résultats probables indique la politique d'achats qui maximise le gain total
- ❑ b. profit probable maximum = 145 €
- ❑ c. meilleure politique d'achat = 100 u soit 2 lots
- ❑ d. les trois réponses sont exactes

240 Gestion de la production et différentes activités. L'activité :

- ❑ a. « Études et recherches » doit conceptualiser la production pour trouver comment la valeur offerte et valeur attendue pourraient se confondre
- ❑ b. « Méthodes » de production conçoit de manière efficiente la gamme à produire et recherche la façon budgétairement optimale de réaliser les produits
- ❑ c. « Ordonnancement – lancement – planning » traduit dans les faits le programme de production en fonction des moyens mis à disposition
- ❑ d. les trois réponses sont exactes

241 Gestion de la production. Exemple : 3 ateliers A1, A2 et A3 nécessaires pour les produits x et y. Les temps de passage par atelier et temps maximum disponibles sont :

	A1	A2	A3
X	5 h.	3 h.	1 h.
Y	3 h.	5 h.	1 h.
Max	**90h**	**90h**	**20h**

Les fonctions de chaque atelier sont pour :

- ❑ a. A1 → y1 = -1,67 x + 30
- ❑ b. A2 → y2 = -0,6 x + 18
- ❑ c. A3 → y3 = - x + 20
- ❑ d. les trois réponses sont exactes

242 **Gestion de la production. Suite du cas : détermination de l'optimum technique :**

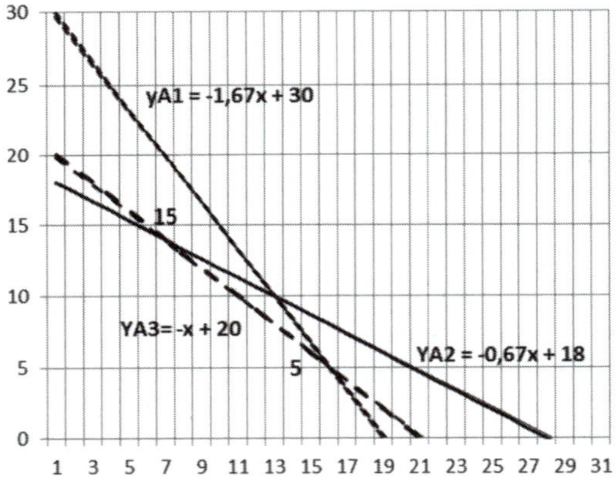

- ❑ a. il apparaît une sous-activité par les points du triangle des 3 droites
- ❑ b. toutes les fonctions n'ont pas un seul point commun d'intersection
- ❑ c. la zone des productions possibles se trouve dans la quadrilatère [0, 18, 15, 5, 18]
- ❑ d. les trois réponses sont exactes

243 **Gestion de la production. Suite du cas : détermination de l'optimum technique (suite). Si les marges sur coût variable des produits X et Y sont respectivement 5 k€ et 4 k€, alors :**

- ❑ a. la droite de marge sur coût variable à maximiser est : y = -1,25x
- ❑ b. deux politiques sont possibles : soit une monoproduction et seuls les points 18x et 18y sont à tester
- ❑ c. soit une multi-production et seuls les 2 points d'intersection des droites sont considérés
- ❑ d. les trois réponses sont exactes

244 **Gestion de la production (suite). Détermination de l'optimum technique : les coordonnées des points sont les suivants :**

- ❑ a. pour A2 : x = 0 et y = 18 et pour A1, c'est l'inverse
- ❑ b. pour A2 et A3 : x = 5 et y = 15 et pour A1 et A3, c'est l'inverse
- ❑ c. au point extrême du triangle : x = y = 11,25
- ❑ d. les trois réponses sont exactes

245 **Gestion de la production (suite). Détermination de l'optimum technique : la marge sur coût variable, Y_M = -1,25X vaut dans l'hypothèse de :**

- ❑ a. conservation de la gamme, : 85 k€ et 95 k€
- ❑ b. abandon de la gamme : 72 k€ et 90 k€
- ❑ c. au point extrême du triangle : 101,25 k€ → gain marginal si on absorbe la sous activité = 6,25 k€
- ❑ d. les trois réponses sont exactes

246 **Gestion de la production. L'ordonnancement a pour but :**

- ❑ a. d'organiser dans le temps les tâches nécessaires
- ❑ b. de déterminer le calendrier optimal pour atteindre l'objectif dans les temps impartis
- ❑ c. de désigner les tâches qui ne tolèrent aucun retard sans compromettre la durée totale du projet
- ❑ d. les trois réponses sont exactes

247 **Gestion de la production. Graphe d'ordonnancement :**

- ❑ a. la « date au plus tôt » est la date à laquelle une tâche peut finir
- ❑ b. une tâche peut débuter même si les tâches précédentes ne sont pas toutes achevées
- ❑ c. la détermination des « dates au plus tôt » se fait en étiquetant les tâches de gauche à droite
- ❑ d. les trois réponses sont exactes

248 **Gestion de la production. Graphe d'ordonnancement :**

- ❑ a. la « date au plus tard » est la date limite à laquelle une tâche peut commencer sans retarder la suite des tâches
- ❑ b. la date « au plus tard » de début d'une tâche ne doit pas compromettre la durée totale du projet
- ❑ c. la date de début « au plus tard » se détermine de gauche à droite
- ❑ d. les trois réponses sont exactes

249 **Gestion de la production. Graphe d'ordonnancement : le chemin critique :**

- ❑ a. est le plus court chemin qui peut exister entre le départ (0) et la fin du projet
- ❑ b. est le plus court chemin qui peut exister entre la fin du projet et le départ (0)
- ❑ c. sa longueur est égale au cumul des durées des tâches critiques
- ❑ d. les trois réponses sont exactes

250 **Gestion de la production et graphe MPM d'ordonnancement :**

- ❑ a. la marge totale est le retard maximum que pourrait prendre une tâche sans retarder le projet
- ❑ b. la marge libre est le retard maximum que pourrait prendre une tâche sans compromettre les dates « au plus tôt » des tâches suivantes
- ❑ c. les marges libre et totale d'une tâche critique sont forcément nulles
- ❑ d. les trois réponses sont exactes

251 Gestion de la production et graphe MPM d'ordonnancement. La marge libre :

DATES AU PLUS	
Tôt t_A = 17j	Tard = T_A
Tâche : A durée d =2j	

Durée de tâche **B**

⇨⇨⇨⇨⇨⇨⇨⇨

Durée de tâche **C**

⇨⇨⇨⇨⇨⇨⇨⇨

DATES AU PLUS	
Tôt t_B = 21j	Tard = T_B
Tâche : B	
DATES AU PLUS	
Tôt t_C = 24j	Tard = T_C
Tâche : C	

- ❑ a. de A si B = 5 j
- ❑ b. de A si C= 2 j
- ❑ c. peut être = marge totale MT
- ❑ d. les trois réponses sont exactes

252 Gestion de production. Graphe MPM. Les dates :

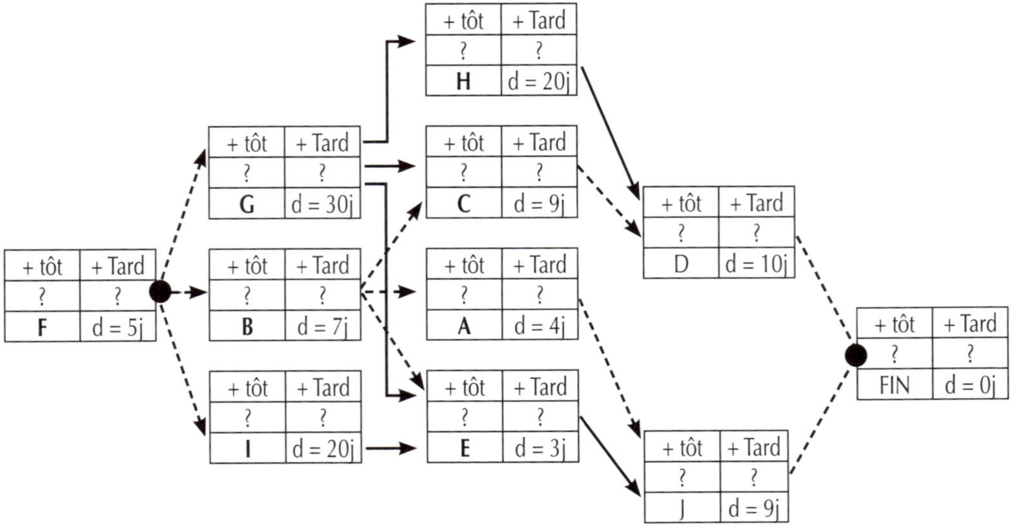

- ❑ a. au plus tôt des tâches G = 5 Tâche C = 9 et Tâche A = 39
- ❑ b. au plus tard des tâches I = 40 Tâche D = 55 et Tâche J = 63
- ❑ c. au plus tôt et au plus tard à la fin du projet = 65
- ❑ d. les trois réponses sont exactes

253 Gestion de la production. Le diagramme de Gantt :

❑ a. sert à visualiser les tâches d'un projet
❑ b. est un tableau avec en colonnes un calendrier et en lignes les tâches avec temps prévisionnel et réel
❑ c. sert à ré-estimer le coût de revient du projet avant son achèvement d'avancement
❑ d. les trois réponses sont exactes

254 Gestion de la production. Le diagramme de Gantt :

Projet, état PREVU			
Tâches	Préalable	Durées	Coût
A		2 jours	50 k€
B	A	8 jours	170 k€
C	B	4 jours	22 k€
D	C	7 jours	95 k€
E	C	2 jours	48 k€
F	D	1 jour	73 k€
G	D	4 jours	110 k€

Projet, état REEL après 20 jours			
Tâche	Durée	à 20 j	Coût
A	3 jours	100 %	58 k€
B	10 jours	100 %	182 k€
C	5 jours	100 %	26 k€
D	2 jours	25 %	40 k€
E	2 jours	100 %	48 k€
F et G			

❑ a. la tâche A prend un jour de retard et retarde le début de la tâche B
❑ b. la tâche B prend 2 jours de retard et retarde le début de C
❑ c. la tâche C débute avec 3j de retard (retards A +B) et prend 1j de retard, → retard du début de D
❑ d. les trois réponses sont exactes

255 **Gestion de la production. Diagramme de Gantt (suite du cas) :**

- ❑ a. la tâche D n'est achevée qu'à 25 % et devrait durer 8 j
- ❑ b. la tâche E a commencé avec un retard de 4 j
- ❑ c. les tâches F et G commenceront avec 5 j de retard total
- ❑ d. les trois réponses sont exactes

256 **Gestion de la production. Diagramme de Gantt (suite du cas) : le réajustement budgétaire fait que :**

- ❑ a. la tâche D = 160 k€
- ❑ b. la tâche F = 173 k€
- ❑ c. le budget réestimé est égal à 657 k€
- ❑ d. les trois réponses sont exactes

257 **Gestion de la production. Diagramme de Gantt (fin du cas) :**

- ❑ a. la tâche B débute le jour 4
- ❑ b. la tâche D débute le jour 19
- ❑ c. la tâche F débute et finit le 27
- ❑ d. les trois réponses sont exactes

258 **Budget des investissements. Il existe schématiquement trois types d'investissements :**

- ❑ a. de maintien du potentiel de l'entreprise
- ❑ b. de croissance. Ils ont pour conséquence d'augmenter sensiblement la croissance
- ❑ c. stratégiques. Ils modifient la structure de l'activité, des produits, des processus de production et des modes opératoires
- ❑ d. les trois réponses sont exactes

259 **Budget des investissements et capital investi. Il comprend :**

- ❑ a. le prix d'achat, les frais de construction et de démolition, les frais d'installation, de montage et de transport, les frais d'études, de développement, de réglage et de mise en route, etc.
- ❑ b. la variation du besoin en fonds de roulement
- ❑ c. les biens aliénés si une partie de l'entreprise est affectée par leur usage exclusif
- ❑ d. les trois réponses sont exactes

260 **Budget des investissements et capital investi. Il faut tenir compte :**

- ❑ a. des ressources externes spécifiques octroyées pour des biens comme ceux qui participent à la lutte contre les nuisances et à la sauvegarde de l'environnement
- ❑ b. de la durée de vie du bien qui est souvent erronée, car de nombreux facteurs, dont l'obsolescence, peuvent interférer dans son estimation
- ❑ c. d'une éventuelle ressource en fonds de roulement déductible du capital investi
- ❑ d. les trois réponses sont exactes

261 **Budget des investissements et capital investi. La durée de vie :**

- ❑ a. permet d'évaluer la durée des autofinancements et des revenus nets attendus
- ❑ b. fiscale est la durée la plus courte
- ❑ c. économique est la durée la plus longue
- ❑ d. les trois réponses sont exactes

262 Budget des investissements et capital investi. La durée de vie :

- ❑ a. technique est à moduler en fonction de l'intensité de l'utilisation du bien
- ❑ b. commerciale est liée à la courbe de vie du produit
- ❑ c. financière se limite au délai nécessaire à la rentabilité de l'investissement
- ❑ d. les trois réponses sont exactes

263 Budget des investissements et capital investi. Les flux de revenus :

- ❑ a. la CAF (capacité d'autofinancement) = Produits encaissés et encaissables – Charges décaissées et décaissables
- ❑ b. la CAF (capacité d'autofinancement) = Charges calculées – Produits calculés
- ❑ c. flux net de trésorerie dégagée par l'investissement = Cash-flow
- ❑ d. les trois réponses sont exactes

264 Budget des investissements. Sélection des projets d'investissement, méthodes sans actualisation. Le taux moyen de rentabilité :

- ❑ a. est égal au rapport du bénéfice moyen sur le montant d'investissement
- ❑ b. peut être affiné en utilisant un numérateur plus fin : EBE net d'IS et avant charges financières, Ebit, Ebitda, etc.
- ❑ c. s'il est supérieur au taux de rémunération des capitaux engagés dans l'entreprise, alors le projet est accepté
- ❑ d. les trois réponses sont exactes

265 Budget des investissements. Sélection des projets d'investissement, méthodes sans actualisation. Le délai de récupération du capital investi :

- ❑ a. est un critère fondé sur le temps nécessaire au revenu d'un investissement pour récupérer la mise de fonds initiale
- ❑ b. ignore l'intérêt et la profitabilité du projet
- ❑ c. est bien peu efficace en cas de choix entre projets de durées inégales
- ❑ d. les trois réponses sont exactes

266 Budget des investissements. Sélection des projets d'investissement, méthodes avec actualisation :

- ❑ a. l'actualisation consiste à ramener au jour actuel une somme de valeurs futures
- ❑ b. la capitalisation consiste à repousser toutes ces valeurs à la date finale
- ❑ c. si l'investissement court sur une longue période, il est illusoire de prévoir les flux de revenus sur 15 ans et de choisir un taux d'actualisation sérieux pour les cashflows
- ❑ d. les trois réponses sont exactes

267 Budget des investissements. Sélection des projets d'investissement, méthodes avec actualisation. La Valeur Actuelle Nette (VAN) :

- ❏ a. il s'agit de déterminer si le montant de l'investissement « I » est inférieur à la somme des revenus actualisés qu'il sécrète
- ❏ b. on considère que le taux d'actualisation « i » a déjà été choisi
- ❏ c. avec « n » le nombre d'années du projet, et « Rn » les revenus annuels, alors on obtient que la VAN = $- I + \Sigma \ Rn \ (1+i)^{-n}$
- ❏ d. les trois réponses sont exactes

268 Budget des investissements. Sélection des projets d'investissement, méthodes avec actualisation. L'indice de rentabilité (IR) :

- ❏ a. est égal à VAN/I
- ❏ b. sert pour comparer des investissements de montants très différents
- ❏ c. est la marge unitaire de l'investissement
- ❏ d. les trois réponses sont exactes

269 Budget des investissements. Sélection des projets d'investissement, méthodes avec actualisation. L'indice de rentabilité IR avec un taux à 10% :

	Projet 1 = 100k€				
Années	A1	A2	A3	A4	A5
Revenus	40k€	40k€	20k€	20k€	15k€
actualisation	0,91	0,83	0,75	0,68	0,62

	Projet 2 = 2000k€			
Années	A1	A2	A3	A4
Revenus	400k€	600k€	1020k€	800k€
actualisation	0,91	0,83	0,75	0,68

- ❏ a. revenus actualisés P1 = 36,40 k€ ; 33,20 k€ ; 15,00 k€ ; 13,60 k€ ; 9,30 k€. P2 = 364 k€ ; 498 k€ ; 765 k€ ; 544 k€.
- ❏ b. VAN de P1 = 107,42 € et VAN de P2 = 2 172,26 €
- ❏ c. IR de P1 > 7 % et IR de P2 = 8,6 %
- ❏ d. les trois réponses sont exactes

270 Budget des investissements. Sélection des projets d'investissement, méthodes avec actualisation. Le Taux Interne de Rentabilité (TRI) :

- ❏ a. on recherche un montant et non un taux
- ❏ b. le taux est celui qui égalise celui de la VAN
- ❏ c. ce taux est un seuil de rentabilité
- ❏ d. les trois réponses sont exactes

271 **Budget des investissements. Sélection des projets d'investissement, méthodes avec actualisation. Le Taux Interne de Rentabilité (TRI) :**

Investissement	*Cashflow 1*	*Cashflow 2*	*Cashflow 3*	*Cashflow 4*	*Cashflow 5*
-60 000 k€	*11 000 k€*	*14 000 k€*	*17 000 k€*	*20 000 k€*	*25 000 k€*

Alors le TRI :

- ❑ a. au bout de 4 ans calculé par la fonction «TRI» = 12 %
- ❑ b. au bout de 5 ans calculé par la fonction «TRI» = 1,2 %
- ❑ c. à 2 ans avec une estimation à 10 %, calculé par la fonction «TRI» = - 41,7 %
- ❑ d. les trois réponses sont exactes

272 **Budget des investissements. Critères de sélection des projets d'investissement en avenir indéterminé :**

- ❑ a. critère optimiste : on choisit l'investissement qui procurerait le revenu maximum parmi tous les meilleurs revenus des investissements
- ❑ b. critère de Laplace : on choisit l'investissement qui procurerait le meilleur revenu parmi tous les moins bons revenus des investissements
- ❑ c. critère de Wald : on choisit l'investissement qui procurerait le revenu moyen le plus élevé parmi les revenus moyens des investissements
- ❑ d. les trois réponses sont exactes

273 **Budget des investissements. Critères de sélection des projets d'investissement en avenir indéterminé :**

- ❑ a. critère de Hurwiecz : on doit préciser la probabilité d'apparition des meilleures situations et y associer le revenu maximum
- ❑ b. critère de Savage ou des miniMax Regrets
- ❑ c. ces critères doivent venir en appui des autres
- ❑ d. les trois réponses sont exactes

274 Budget des investissements. Critères de sélection des projets d'investissement en avenir indéterminé. Exemple : 150 000 k€ d'investissement avec 2 décisions possibles D1 et D2. Les VAN ont été calculées avec 2 hypothèses : Optimiste ou Pessimiste.

	D1	D2
O	43k€	21k€
P	7k€	19k€

❑ a. choix en fonction du critère de Laplace : pour D1, on a : 25,00 k€ ; pour D2, on a : 20,00 k€
❑ b. choix en fonction du critère MaxiMax : pour D1, on a : 43,00 k€ ; pour D2, on a : 21,00 k€
❑ c. choix en fonction du critère Maximin : pour D1, on a : 7,00 k€ ; pour D2, on a : 19,00 k€
❑ d. les trois réponses sont exactes

275 Budget des investissements. Critères de sélection des projets d'investissement en avenir indéterminé : exemple (suite) :

❑ a. choix en fonction du critère du mini-MaxRegrets : pour [O; D1], on a : 0,00 ; pour [O; D2], on a : 22,00 k€
❑ b. choix en fonction du critère du mini-MaxRegrets : pour [P; D1], on a : 12,00 k€ ; pour [P; D2], on a : 0,00
❑ c. c'est D1 qui limite le plus le Regret Maximum
❑ d. les trois réponses sont exactes

276 L'analyse en termes de surplus de productivité globale (SPG) :

❑ a. le SPG est la différence positive entre les produits et les charges courantes en euros constants
❑ b. la répartition du SPG est la différence entre les charges et les produits en euros courants
❑ c. le SPG est égal à la répartition
❑ d. les trois réponses sont exactes

277 Contrôle budgétaire. L'analyse des écarts :

❑ a. un écart se calcule toujours à partir du réalisé
❑ b. un écart a toujours deux composantes : prix ou coût et quantités
❑ c. seuls sont à analyser les écarts d'un poste important par rapport au budget total
❑ d. les trois réponses sont exactes

278 Contrôle budgétaire et analyse des écarts : le choix du coût standard. Un standard :

- ❑ a. constaté : se fonde sur la certitude d'avoir obtenu à la période précédente des données (coûts ou produits) qui peuvent servir de norme pour la période suivante
- ❑ b. ajusté : améliore le coût standard constaté par son adaptation à la production réelle
- ❑ c. imputé : comme un coût standard est constitué par le produit d'une quantité par un coût unitaire, la quantité consommée sera celle prévue, mais le prix sera celui constaté afin de s'approcher le plus possible de la réalité
- ❑ d. les trois réponses sont exactes

279 Contrôle budgétaire et analyse des écarts : les limites du standard :

- ❑ a. trop rigides, ils sont vite inadaptés, car les conditions d'exploitation et la conjoncture se modifient très rapidement
- ❑ b. s'ils sont modifiés pour suivre les mutations conjoncturelles, ils ne peuvent plus juger des performances réelles
- ❑ c. un standard aménagé raisonnablement va entraîner une entente pour que le système ne se modifie en rien
- ❑ d. les trois réponses sont exactes

280 Contrôle budgétaire, les coûts nécessaires à l'analyse des écarts. Un coût :

- ❑ a. préétabli est un coût évalué *a priori* soit pour faciliter certains traitements analytiques, soit pour permettre le contrôle de gestion par l'analyse des écarts
- ❑ b. standard est un coût calculé d'après des normes techniques, faisant suite à une analyse de l'objet et du travail nécessaire
- ❑ c. prévu est calculé par référence au passé
- ❑ d. les trois réponses sont exactes

281 Contrôle budgétaire : les coûts et les produits budgétés pour l'analyse des écarts :

- ❑ a. les coûts budgétés se composent des charges directes et indirectes et des produits
- ❑ b. les produits budgétés s'analysent comme les charges directes
- ❑ c. les marges sur coût variable budgétées s'analysent comme des charges indirectes
- ❑ d. les trois réponses sont exactes

282 Contrôle budgétaire : les coûts et les produits budgétés pour l'analyse des écarts :

- ❑ a. écart sur marge sur coût variable = écart sur marge unitaire – écart sur quantités
- ❑ b. écart sur coût direct = écart sur coût unitaire – écart sur quantités
- ❑ c. écart sur coût indirect = écart sur budget + écart sur activité
- ❑ d. les trois réponses sont fausses

283 **Contrôle budgétaire : les écarts sur coût sont :**

- ❑ a. défavorables si le résultat trouvé est négatif
- ❑ b. souvent positifs
- ❑ c. non significatifs si le résultat trouvé est nul
- ❑ d. les trois réponses sont exactes

284 **Contrôle budgétaire : les écarts sur produits budgétés sont :**

- ❑ a. favorables si le résultat trouvé est positif
- ❑ b. souvent positifs
- ❑ c. favorables si l'écart de marge est négatif
- ❑ d. les trois réponses sont exactes

285 **Contrôle budgétaire : formulation des écarts sur coûts directs indépendants, avec QR = quantités réelles, $Q_{A'}$ = quantités ajustées à la production réelle et QP = Quantités prévues :**

- ❑ a. écart sur quantité consommée = $\Delta Q*Pp = (Q_{A'} - QR)\ Pp$
- ❑ b. écart sur prix ou coût unitaire = $\Delta P*QP$
- ❑ c. écart sur volume d'activité : c'est une particularité française
- ❑ d. les trois réponses sont exactes

286 **Contrôle budgétaire : les écarts sur coûts directs liés dans un objet ou un projet. Avec Q_R = quantités réelles, $Q_{A'}$ = quantités ajustées à la production réelle et Q_P = Quantités prévues, et le P_{MP} (prix ou coût unitaire moyen = Σ valeurs prévues / ΣQp) :**

- ❑ a. écart sur prix calculé en fonction des quantités prévues pour chaque élément = $\Delta P*Q_R$ (avec $\Delta P = P_R - Pp$)
- ❑ b. écart sur quantités pour chacun des éléments de l'objet ou du projet = $(Q_R - Q_A) \times (P_P - P_{MP})$
- ❑ c. écart sur productivité du projet = $(\Sigma Q_R - \Sigma Q_A) \times P_{MP}$
- ❑ d. les trois réponses sont exactes

287 **Contrôle budgétaire. Fabrication d'un bien avec des éléments liés (non indépendants) :**

	Réel		
Production	**330 u.**		
Activité en heures H_R	10 000 P1	29€	290 000 €
	1 400 P2	37€	51 800 €
	2 800 P3	98€	274 400 €
Budget R.	**14 200 hr.**		**616 200 €**

	Prévu		
Production	**300 u.**		
Activité en Heures H_P	7 770P1	28€	217 563 €
	1 200P2	35€	42 000 €
	3 000P3	105€	315 000 €
Budget P	**11 970 h_P**		**574 563 €**

❑ a. les écarts sur prix sont respectivement pour : P1 = 10 000 €, P2 = 2 800 €, P3 = –19 200 €

❑ b. les écarts sur quantités sont respectivement : P1 = – 29 057 €, P2 = 1 040 €, P3 = – 28 500 €

❑ c. l'écart sur la productivité du projet est égal à 49 577 €

❑ d. les trois réponses sont exactes

288 **Cas de fabrication d'un bien immobilier, avec des éléments budgétaires liés (suite du cas). Donc l'écart :**

❑ a. sur temps de P1 est défavorable

❑ b. sur temps de P3 est défavorable pour des raisons différentes que pour P1

❑ c. de productivité du projet est défavorable

❑ d. les trois réponses sont exactes

289 **Pour la fabrication d'un bien immobilier, on considère que les éléments budgétaires sont maintenant indépendants. Les écarts sur :**

❑ a. prix sont identiques, que les éléments soient liés ou soient indépendants

❑ b. quantités sont calculés différemment que dans les cas où les éléments sont liés

❑ c. quantités sont respectivement pour P1 = 40 684 €, P2 = 2 800 €, P3 = – 52 500 €

❑ d. les trois réponses sont exactes

290 **Contrôle budgétaire. Si les éléments budgétaires sont indépendants, on pourrait calculer théoriquement un écart sur volume d'activité (avec Q_P = quantité Prévue, Q_A = quantité Ajustée à la production réelle et P_P = Prix prévu). Il est :**

❑ a. calculé uniquement dans le PCG 1982

❑ b. calculé ainsi : $(Q_P - Q_A) * P_P$

❑ c. égal, dans l'exemple précédent, à 10 700 €

❑ d. les trois réponses sont exactes

291 **Contrôle budgétaire. L'analyse des écarts sur coût indirect :**

	Prévu	Réel
Production	2 000 u.	2 200 u.
Activité	8 000 h.	8 910 h.
Coût variable	400 000 €	
Coût fixe	320 000 €	
Coût total	**720 000 €**	**819 720 €**

❑ a. écart sur budget = 54 220 €

❑ b. écart sur activité = + 36 400 €

❑ c. écart sur rendement = – 9 900 €

❑ d. les trois réponses sont exactes

292 **Contrôle budgétaire : l'analyse des écarts sur coût indirect. Le coût standard se calcule ainsi dans le budget précédent :**

- ❑ a. prévu normalement : $y = 90\,x$
- ❑ b. flexible : $y = 50\,x + 320\,000$
- ❑ c. imputé rationnellement à la production réalisée : $y = 90\,x$
- ❑ d. les trois réponses sont exactes

293 **Contrôle budgétaire. L'analyse des écarts sur coût indirect. Avec V_N = coût variable du budget Normal Prévu, F_N = coût fixe du budget Normal Prévu, A_R = activité du budget réalisé, A_N = activité Normale Prévue, P_N = production du budget Normal ou Prévu, P_R = production du budget réalisé alors le budget :**

- ❑ a. flexible se formalise ainsi : $V_N\,(A_R/A_N) + F_N$
- ❑ b. imputé à l'activité réalisée : $V_N\,(A_R/A_N) + F_N\,(A_R/A_N)$
- ❑ c. imputé à la production réalisée : $V_N\,(P_R/P_N) + F_N(P_R/P_N)$
- ❑ d. les trois réponses sont exactes

294 **Contrôle budgétaire. Formalisation de l'analyse des écarts sur coût indirect avec les mêmes abréviations qu'à la question précédente, alors l'écart sur :**

- ❑ a. budget : (Budget réalisé – Budget flexible) $= V_R - V_N(A_R/A_N) + (F_R - F_N)$
- ❑ b. activité : (Budget flexible – Budget imputé à l'activité réelle) $= [V_N\,(A_R/A_N) + F_N] - [V_N\,(A_R/A_N) + F_N\,(A_R/A_N)] = F_N - [F_N(A_R/A_N)]$
- ❑ c. rendement : (Budget imputé à l'activité réelle – Budget imputé à la production réalisée) $= [V_N\,(A_R/A_N) + F_N\,(A_R/A_N)] + [V_N\,(P_R/P_N) + F(P_R/P_N)]$
- ❑ d. les trois réponses sont exactes

295 **Contrôle budgétaire. Formalisation de l'analyse des écarts sur coût indirect :**
Soit le taux d'activité $ta = A_R/A_N$ et le taux de rendement $tr = P_R/P_N$; donc l'écart sur :

- ❑ a. budget est favorable si $ta > 1$ et si $F_N > F_R$
- ❑ b. activité est favorable si $ta > 1$
- ❑ c. rendement est favorable si $= tr > ta$
- ❑ d. les trois réponses sont exactes

296 **Contrôle budgétaire. L'analyse des écarts d'encours de production (cas) :**

5000 u.	= Norme	Quantité	Coût	Montant
Matières consommées		3 u.	6 €	= *18 €*
Charges indirectes		0,25 h.	70 €*	= *18 €*
Coût de production				**36 €**

Réel	
Quantité	**Montant**
15.000kg	71.000€
1.000h	95.000€
	166.000€

Si 100 % de matières sont consommées au début de la production et durant la période, le nombre de produits terminés est de 4 500 P et qu'en fin de période il reste 200 encours achevés à 60 % alors :

- ❑ a. production équivalente (PE) pour les matières = 300 PE
- ❑ b. en-cours initiaux au niveau de la matière = 4 400 PE
- ❑ c. production équivalente (PE) pour les charges indirectes de l'atelier = 4 380 PE
- ❑ d. les trois réponses sont exactes

297 **Contrôle budgétaire. L'analyse des écarts d'encours de production (cas suite) :**

- ❑ a. 166 000 € de coût de production prévue
- ❑ b. 177 500 € de coût de production réelle
- ❑ c. 19 000 € de différence budgétaire sur matières consommées
- ❑ d. les trois réponses sont exactes

298 **Contrôle budgétaire. L'analyse des écarts d'encours de production (cas suite) :**

- ❑ a. écart sur prix matière = –19 000 €
- ❑ b. écart sur quantité de matière = 13 200 kg
- ❑ c. 10 800 € de quantité ajustée à la PE
- ❑ d. les trois réponses sont exactes

299 **Contrôle budgétaire. L'analyse des écarts d'encours de production (cas fin) :**

- ❑ a. écart sur budget = 20 000 €
- ❑ b. écart sur rendement = 5 000 €
- ❑ c. écart sur activité = – 6 650 €
- ❑ d. les trois réponses sont exactes

300 **Contrôle budgétaire. L'analyse des écarts sur résultat est la différence entre écart sur :**

- ❑ a. chiffre d'affaires et écart sur coût de revient
- ❑ b. marge sur coût direct et écart sur charges fixes indirectes
- ❑ c. marge sur coût variable et écart sur charges fixes
- ❑ d. les trois réponses sont exactes

301 Contrôle budgétaire. L'analyse des écarts sur résultat. Exemple de mono-produit :

	Production et vente		400kg	*Budget Ajusté*		
	Quantités	Prix/coût	Montant	*Quantités*	*Prix/coût*	*Montant*
Chiffre d'affaires	400kg	9 €	3 600 €	*100 kg*	*10 €*	*1 000 €*
Coût de revient	400kg	8 €	3 200 €	*100 kg*	*7 €*	*700 €*
Résultat			= 400 €			= 300 €

- ❑ a. écart défavorable d'écart sur chiffre d'affaires = 2 600 €
- ❑ b. écart favorable sur quantités vendues = 3 000 €
- ❑ c. écart favorable sur prix de vente = – 400 €
- ❑ d. les trois réponses sont exactes

302 Le budget des ressources humaines (BRH). Ses contraintes sont des :

- ❑ a. tensions sur le marché du travail
- ❑ b. dispositions conventionnelles
- ❑ c. dispositions légales
- ❑ d. les trois réponses sont exactes

303 Le budget des ressources humaines (BRH). Les dispositions qui maintiennent le pouvoir d'achat ou améliorent la productivité et la valeur ajoutée :

- ❑ a. sans réduction de l'éventail des rémunérations, c'est une augmentation non hiérarchisée
- ❑ b. avec réduction de l'éventail des rémunérations, c'est une augmentation hiérarchisée
- ❑ c. avec réduction de l'éventail des rémunérations, c'est une augmentation semi hiérarchisée
- ❑ d. les trois réponses sont exactes

304 Le budget des ressources humaines (BRH). Les augmentations ou diminutions générales. Exemple, si les rémunérations vont de 1 000 € à 5 000 € :

- ❑ a. l'échelle des salaires va de 1 à 5
- ❑ b. s'il est donné une augmentation de 100 € à tout le monde, c'est une augmentation hiérarchisée
- ❑ c. s'il est donné une augmentation de 5 % à tout le monde, c'est une augmentation non hiérarchisée
- ❑ d. les trois réponses sont exactes

305 Le budget des ressources humaines (BRH). Exemple (suite) : si on prévoit une augmentation de 5 % avec un minimum de 100 € ou de 8 % avec un maximum de 150 € :

- ❑ a. cette augmentation est semi hiérarchisée
- ❑ b. ces deux propositions sont identiques au niveau de la hiérarchie des rémunérations
- ❑ c. la proposition de 5 % avec minimum de 100 € sera préférée à celle de 8% avec maximum de 150 €
- ❑ d. les trois réponses sont exactes

306 **Le budget des ressources humaines (BRH). Les évolutions de niveau :**

- ❑ a. c'est le pourcentage d'évolution des rémunérations entre 2 dates de référence
- ❑ b. le salaire de X se monte fin N à 1428 et fin N+1 à 1490. L'effet niveau est de 4,34 en fin d'année N+1
- ❑ c. les salaires d'un projet se montent fin N à 142 900 pour 100 personnes et fin N+1 à 15 600 pour 105 personnes. Évolution brute = 9,17 % et nette = 3,97 %
- ❑ d. les trois réponses sont exactes

307 **Le budget des ressources humaines (BRH). Les évolutions de masse :**

- ❑ a. c'est le % d'évolution s'étalant sur 2 périodes
- ❑ b. le salaire de Y valait 1 350 en N et 1 400 en N+1, d'où : évolution de masse = évolution de niveau = 3,7 %
- ❑ c. le salaire de Y valait 1 350 en N et 1 400 en N+1 et Y a reçu 60 € fin N+1, d'où évolution de niveau = 8,15 % et évolution de masse = 4,07 %
- ❑ d. les trois réponses sont exactes

308 **Le budget des ressources humaines (BRH). L'effet report. Exemple : on a constaté 3 évolutions : début février : 2 % ; début juillet : 2,5 % ; début octobre : 1,76 % :**

- ❑ a. l'effet report exprime les conséquences sur les années suivantes de l'évolution d'une année
- ❑ b. évolution de niveau = 6,39 %
- ❑ c. effet report de N sur N+1 = 2,77 %
- ❑ d. les trois réponses sont exactes

309 **Le budget des ressources humaines (BRH). L'effet noria :**

	Techniciens			Cadre	
	T1	T2	T3	X	Y
Salaires N-1	1 200 €	1 300 €	1 400 €	2 500 €	
Salaires N	1 270 €	1 370 €	1 470 €		2 000 €

- ❑ a. c'est une augmentation du BRH, à salaires bloqués
- ❑ b. les contrats jeunes, solidarité, aides à l'embauche, etc. quel que soit leur « habillage » ont des effets noria
- ❑ c. le budget des ressources humaines a augmenté de + 4,53 %
- ❑ d. les trois réponses sont exactes

310 **Budget des ressources humaines (BRH) : l'effet d'effectif et de structure :**

Décembre	Budget	Cadres	Ingénieurs	Techniciens	Total
N	**Effectifs**	10	100	500	**610**
	Salaires	3 570 €	2 140 €	1 430 €	1 581 €
	BRH	35 700 €	214 000 €	715 000 €	964 700 €
N+1	**Effectifs**	12	120	478	**610**
	Salaires	3 575 €	2 142 €	1 429 €	1 611 €
	BRH	42 900 €	257 000 €	682 900 €	982 800 €

- ❑ a. l'effet d'effectif est la variation du BRH entraîné par la variation du nombre de salariés
- ❑ b. l'effet de structure est l'évolution du BRH entraîné par les différences de population dans les différentes catégories
- ❑ c. 2 ingénieurs sont passés cadres et 22 techniciens sont devenus ingénieurs maison
- ❑ d. les trois réponses sont exactes

3.5 Les outils d'amélioration de la performance

311 **La qualité totale :**

- ❑ a. est une démarche de progrès continu dont l'objectif est de parvenir à une qualité parfaite tout en réduisant au minimum les gaspillages
- ❑ b. nécessite la mobilisation et l'implication de toute l'entreprise
- ❑ c. son management est essentiellement orienté vers la satisfaction du client, dans la durée et au moindre coût
- ❑ d. les trois réponses sont exactes

312 **Le coût de la disqualité. Exemple : pour 2 000 u vendues par jour, 15 % de rebuts. Le coût de production est de 4 € mais sont retournés 5 % des articles avec un surcoût de 1,2 € :**

- ❑ a. pour livrer plus de 2 100 u, il faut fabriquer 2 477 u.
- ❑ b. coût de la disqualité = 2 034 €
- ❑ c. ce coût de dysfonctionnement est un coût caché qui grève le résultat analytique
- ❑ d. les trois réponses sont exactes

313 **La démarche de qualité totale repose sur la norme ISO 9004 : c'est un cadre de référence pour les entreprises fondée sur huit principes fondamentaux parmi lesquels :**

- ❑ a. l'écoute du client
- ❑ b. le leadership
- ❑ c. l'implication du personnel
- ❑ d. les trois réponses sont exactes

314 **La démarche de qualité totale repose sur la norme ISO 9004 : c'est un cadre de référence pour les entreprises fondée sur huit principes fondamentaux parmi lesquels (suite) :**

- ❑ a. l'approche processus
- ❑ b. le management par approche système
- ❑ c. l'amélioration continue
- ❑ d. les trois réponses sont exactes

315 **La démarche de qualité totale repose sur la norme ISO 9004 : c'est un cadre de référence pour les entreprises fondée sur huit principes fondamentaux parmi lesquels (suite) :**

- ❑ a. l'approche factuelle pour la prise de décision
- ❑ b. les relations partenariales avec les fournisseurs
- ❑ c. la norme 9004 est toujours d'actualité car elle a été révisée fin 2000
- ❑ d. les trois réponses sont exactes

316 **L'approche systémique se définit par :**

- ❑ a. l'interaction des éléments du système
- ❑ b. la globalité
- ❑ c. la complexité
- ❑ d. les trois réponses sont exactes

317 **L'approche systémique :**

- ❑ a. permet de regrouper et d'organiser les connaissances en vue d'une plus grande efficacité dans l'action
- ❑ b. permet d'étudier les problèmes dans leur totalité, leur complexité et leur propre dynamique
- ❑ c. est fondée sur de nouvelles représentations de la réalité
- ❑ d. les trois réponses sont exactes

318 **L'approche analytique :**

- ❑ a. est appelée méthode expérimentale ou méthode scientifique
- ❑ b. ses principes reposent sur le dénombrement pour aller du simple au complexe
- ❑ c. valide les faits par l'expérimentation dans un cadre théorique.
- ❑ d. les trois réponses sont exactes

319 **La démarche qualité par l'amélioration continue amène ces méthodes spécifiques :**

- ❑ a. 5 S
- ❑ b. SMED
- ❑ c. TPM
- ❑ d. les trois réponses sont exactes

320 **La démarche qualité et la méthode des 5 S :**

- ❑ a. *seiri* : supprimer le superflu
- ❑ b. *seiton* : ranger
- ❑ c. *seiso* : épurer
- ❑ d. les trois réponses sont exactes

321 La démarche qualité et la méthode des 5 S (suite) :

- ❑ a. *seiketsu* : mettre en ordre
- ❑ b. *shitsuke* : être rigoureux
- ❑ c. comporte des objectifs d'amélioration de la sécurité, qualité, efficacité par la propreté, le rangement et le maintien de ces améliorations
- ❑ d. les trois réponses sont exactes

322 La démarche qualité et la méthode *Single Minute Exchange of Die* (SMED) :

- ❑ a. est une méthode d'organisation mise au point par Shigeo Shingo
- ❑ b. réduit au minimum le temps minuté du changement
- ❑ c. identifie les opérations et les ordonne
- ❑ d. les trois réponses sont exactes

323 La démarche qualité et le concept de *Total Productive Maintenance* (TPM) :

- ❑ a. consiste à rechercher une productivité maximale
- ❑ b. se réalise autour de deux phases : une l'analyse
- ❑ c. se réalise autour de deux phases : l'autre l'amélioration
- ❑ d. les trois réponses sont exactes

324 La démarche qualité et le concept de *Total Productive Maintenance* (TPM) qui porte sur :

- ❑ a. le manque de fiabilité des équipements
- ❑ b. les carences de l'organisation
- ❑ c. les procédés utilisés
- ❑ d. les trois réponses sont exactes

325 La démarche qualité et le *Total Productive Maintenance* (TPM) : la phase d'amélioration porte sur l'autocontrôle :

- ❑ a. le but est d'obtenir zéro perte, zéro défaut
- ❑ b. principe 1 : atteindre l'efficacité maximale des équipements
- ❑ c. principe 2 : démarrer le plus vite possible les nouveaux produits et les nouveaux équipements
- ❑ d. les trois réponses sont exactes

326 La démarche qualité et le *Total Productive Maintenance* (TPM) : la phase d'amélioration porte sur l'autocontrôle (fin) :

- ❑ a. principe 3 : obtenir l'efficacité maximale des services fonctionnels
- ❑ b. principe 4 : stabiliser à un haut niveau les 5 M
- ❑ c. principe 5 : maîtriser la sécurité, les conditions de travail
- ❑ d. les trois réponses sont exactes

327 La démarche qualité. Le Kaïzen cherche à :

- ❑ a. modifier les opérations des exécutants afin de rendre leur travail plus productif, efficient, sûr et moins fatiguant
- ❑ b. baisser les coûts de revient en éliminant et/ou réduisant les activités qui n'offrent pas de valeur ajoutée
- ❑ c. supprimer les sources de gaspillage
- ❑ d. les trois réponses sont exactes

328 La démarche qualité. Le Poka Yoké :

- ❑ a. garantit le mode opératoire dans l'ordre prédéfini
- ❑ b. n'autorise que la position ergonomique étudiée
- ❑ c. oblige le comptage pour garantir qu'aucun élément n'a été oublié
- ❑ d. les trois réponses sont exactes

329 La démarche qualité. Les avantages de l'amélioration continue :

- ❑ a. élimination des gaspillages du Kaizen et efficacité par la propreté et l'ordre (5 S)
- ❑ b. utilisation optimale des équipements et des capacités disponibles des machines (TPM et SMED)
- ❑ c. réduction des temps de changement et flexibilité des productions (SMED)
- ❑ d. les trois réponses sont exactes

330 La démarche qualité. Les avantages de l'amélioration continue (fin) :

- ❑ a. maintien des avantages des 5 S par le Shitsuke (rigueur) et par la méthode du Kaizen
- ❑ b. appropriation du travail par les 5 S, qui permet également d'améliorer les relations (Kaizen)
- ❑ c. obtention de produits sans défaut par les contrôles à chaque phase du processus de production (Poka Yoke)
- ❑ d. les trois réponses sont exactes

331 La démarche qualité et la méthode Six Sigma (σ) :

- ❑ a. un défaut peut être défini comme un résultat non acceptable dans un processus
- ❑ b. la méthode correspond à 3,4 défauts par million, soit un niveau de qualité de 99,99966 %
- ❑ c. pour le Six Sigma, il faut d'abord déterminer la valeur normale qu'on souhaite obtenir en moyenne et les limites des écarts jugés tolérables
- ❑ d. les trois réponses sont exactes

332 La démarche qualité et le DMAIC *Define, Measure, Analyze, Improve* et *Control* :

- ❑ a. c'est une méthode de résolution des problèmes en 5 étapes
- ❑ b. étape 1 : définir le périmètre du processus
- ❑ c. étape 2 : mesurer la performance
- ❑ d. les trois réponses sont exactes

333 La démarche qualité et la méthode *Define, Measure, Analyze, Improve* et *Control* (DMAIC). Dans cette méthode, il faut :

- ❑ a. étape 3 : analyser les opportunités
- ❑ b. étape 4 : innover
- ❑ c. étape 5 : contrôler la performance
- ❑ d. les trois réponses sont exactes

334 **La démarche qualité et la méthode *Plan, Do, Check, Act* (PDCA) :**

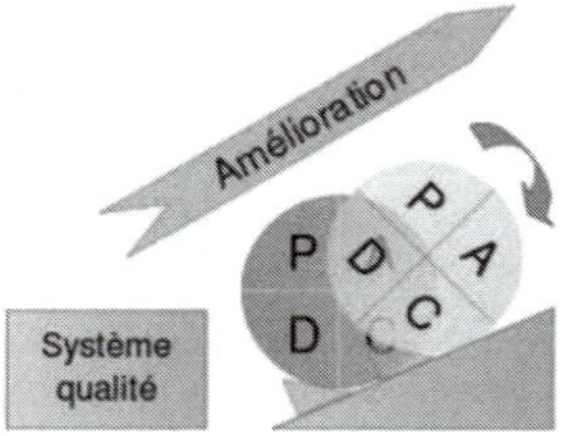

- ❑ a. la « Roue de Deming » est appelée « Cycle de Shewhart »
- ❑ b. *plan*, c'est-à-dire « agir » ou « faire ce qu'on a dit »
- ❑ c. *do*, c'est-à-dire « Prévoir » ou « dire ce que l'on va faire »
- ❑ d. les trois réponses sont exactes

335 **La démarche qualité et la méthode *Plan, Do, Check, Act* (PDCA) :**

- ❑ a. *check*, c'est-à-dire « réagir » pour corriger les écarts et améliorer le système
- ❑ b. *act*, c'est-à-dire « vérifier » ou « prouver ce qui a été fait »
- ❑ c. 3 possibilités s'offrent à terme : abandonner, poursuivre la « roue » en utilisant les connaissances accumulées ou mettre en œuvre le changement.
- ❑ d. les trois réponses sont exactes

336 **La démarche qualité. Dans la méthode de Kaoru Ishikawa, 5 familles de facteurs ont été définies :**

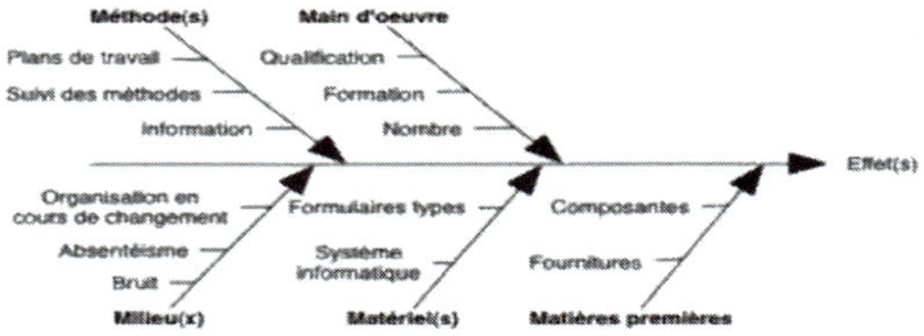

- ❑ a. appelée aussi diagramme de la loi de Poisson
- ❑ b. milieu = environnement du processus
- ❑ c. méthode = comment faire dans l'avenir ?
- ❑ d. les trois réponses sont exactes

337 **La démarche qualité. Dans la méthode de Kaoru Ishikawa, 5 familles de facteurs ont été définies (suite) :**

- ❑ a. matière : quelle est la qualité des matières premières ?
- ❑ b. main-d'œuvre : comment faire des gains de productivité maximum pour réduire le personnel ?
- ❑ c. matériel ou « quels sont les appareils ou machines concernés ? »
- ❑ d. les trois réponses sont exactes

338 **La démarche qualité. Dans la méthode de Kaoru Ishikawa, le diagramme en arêtes de poisson :**

❑ a. on se pose toujours la question « pourquoi ? »
❑ b. les causes sont placées verticalement
❑ c. les flèches sont fixées une fois pour toutes
❑ d. les trois réponses sont exactes

339 **La démarche qualité. Dans la méthode de Kaoru Ishikawa, les cercles de qualité :**

❑ a. sont des groupes constitués en interne, pour se « creuser la tête » (*brain storming*) pour trouver sur les moyens de résoudre des problèmes qui les concernent
❑ b. les propositions de solutions sont remontées à la hiérarchie
❑ c. ils assurent des fonctions techniques, pour parfaire la qualité, mais aussi économiques en réduisant les coûts et même sociales en formant des équipes projet
❑ d. les trois réponses sont exactes

Explication des réponses

83. Bonne réponse : a

a. La gestion de la production et des approvisionnements a permis de minimiser les stocks (couteux) à un niveau le plus bas possible par une production tirée par la demande et faite en juste à temps.
b. La production n'est plus en flux poussés mais pilotée par la demande.
c. Le Kanban (étiquettes) est un processus informationnel basé sur les demandes de l'aval vers l'amont.

84. Bonne réponse : d

Il suffit de multiplier les matrices en respectant le processus de production : pour fabriquer A, B et C on a besoin d'assembler E1, E2 et E3 qui eux-mêmes nécessitent que soient usiner S1, S2 et S3, moulés à partir des p1, p 2 et p 3. Ces pièces faites de matières : 84kg de M1, 76kg de M2 et 60kg de M3 à livrer aux dates indiquées.

85. Bonne réponse : d

a. Selon leur nomenclature du PCG, il est possible d'établir un compte de résultat par fonction mais c'est rare en comptabilité financière.
b. En comptabilité de gestion, le compte est établi par fonctions.
c. Le résultat courant est analysé, on part des charges incorporables, alors les charges financières sont forcément incluses.

86. Bonne réponse : d

Ce sont les définitions depuis le Plan Comptable Général 1982.

87. Bonne réponse : a

a. Elle varie, mais plus ou moins proportionnellement avec les niveaux d'activité.
b. Elle varie mais indépendamment de l'activité sans rester fixe à long terme.
c. Pas forcément avec la production, d'autres éléments peuvent la faire varier (distribution, etc.).

88. Bonne réponse : d

a. Les charges variables sont souvent directes mais le contraire n'est pas forcément vrai (amortissement dégressif d'une machine pour un produit, etc.).
b. Elles peuvent être variables et indirectes (montant de l'électricité d'un atelier).
c. Fixes et directes comme, par exemple, l'amortissement constant d'une machine entrant dans la fabrication du produit.

89. Bonne réponse : d

a. Dans les coûts complets (par fonction et sections homogènes ou par activité ABC), on incorpore toutes les charges incorporables.
b. Partiellement si, par exemple, on est en sous-activité. On exclut alors les coûts de sous-activité.
c. Voire pas du tout (des dotations aux provisions, des différences de changes, etc.).

90. Bonne réponse : a

a. Il peut être décidé de ne pas incorporer des charges car elles ne sont pas affectables (dépréciation des créances douteuses) ou imputables (indirectes) à un objet de coût.

b. Elles peuvent ne pas exister dans le compte de résultat (dividendes) ou simplement être exclues (différences de change).

c. Elles seront à nouveau déduites, pour passer du résultat analytique au résultat courant.

91. Bonne réponse : c

a. Les charges supplétives n'existent pas dans le compte de résultat. Elles sont ajoutées aux calculs de coûts.

b. Le montant est incorporé une seule fois, même s'il est ventilé dans l'analyse des coûts et des marges.

c. Les dividendes comme charges à payer, n'existent pas dans le compte de résultat, on en tient compte souvent.

92. Bonne réponse : c

a. Les charges supplétives ont été ajoutées, donc elles minorent le résultat analytique. Pour retrouver le résultat courant, on doit les rajouter. Symétriquement, les charges non-incorporées ont été soustraites, elles augmentent le résultat analytique et on les soustrait du résultat analytique pour retrouver le résultat courant.

b. On déduit les charges non incorporables.

c. On doit tenir compte des différences d'inventaire et d'incorporation.

93. Bonne réponse : b

a. Le stock d'immobilisations est un stock de capital et non d'exploitation courante (leurs amortissements oui).

b. Les productions immobilisées existent si une entreprise fabrique pour elle-même des biens. Le contrôleur de gestion évalue le coût.

c. Les charges financières sont les intérêts des emprunts. Ce n'est pas au contrôleur de gestion de les négocier.

94. Bonne réponse : c

a. Les charges directes sont affectées aux coûts (Cf. PCG depuis 1982).

b. Les charges indirectes sont réparties dans les centres d'analyse principaux puis auxiliaires avant d'être imputées aux objets de coûts.

c. Les charges indirectes sont enfin imputées aux objets de coûts.

95. Bonne réponse : d

Il s'agit des charges directes qui sont composées essentiellement des matières consommées et de la main d'œuvre directe. Les charges directes sont dites affectées aux éléments du coût.

96. Bonne réponse : d

a. Cette méthode est apparue en environnement stable et des produits standardisés à vie longue où le consommateur se satisfait longtemps du même produit sans innovations.

b. Les consommateurs sont plus exigeants, mieux informés et plus infidèles.

c. De nouveaux facteurs de compétitivité sont donc apparus avec un rapport « qualité/prix » modifié et des fortes exigences des consommateurs.

Donc Performance = Coût bas, Qualité totale, Flexibilité des entreprises à la demande et Délais minimum (CQFD).

97. Bonne réponse : d

a. Une différenciation poussée des produits avec technologie.

b. Une diminution de la main d'œuvre directe dans les pays développés.

c. Le passage d'économies de l'offre à celles de la demande des consommateurs.

98. Bonne réponse : d

Centres auxiliaires		Centre principaux				Charges indirectes	Répartition
Administ°	Entretien	magasin	Atelier 1	Atelier 2	Vente		
20 k€	**8 k€**	**30 k€**	**25 k€**	**35 k€**	**50 k€**	**= 168 k€**	**Primaire**
-100%	10%	20%	20%	40%	10%		
0 k€	**2 k€**	**4 k€**	**4 k€**	**8 k€**	**2 k€**		
	12 k€	**34 k€**	**29 k€**	**43 k€**	**52 k€**		
	-100%	10%	20%	30%	40%		
		1 k€	**2 k€**	**3 k€**	**4 k€**		
	0 k€	**35 k€**	**31 k€**	**46 k€**	**56 k€**	**= 168 k€**	**Secondaire**

99. Bonne réponse : a

a. Elles apparaissent si deux centres d'analyse se fournissent successivement des prestations.

b. Le calcul du coût de chaque centre croisé nécessite la résolution d'un système de deux équations à deux inconnues.

c. Les prestations croisées peuvent ne concerner qu'une partie des centres auxiliaires sur la totalité.

100. Bonne réponse : d

Une unité d'œuvre est une quantité ou une valeur qui discrimine le mieux la section et son activité (section homogènes). La fonction Excel® «COEFFICIENT.DERMINATION» indique sa valeur.

101. Bonne réponse : d

a. Chaque fois que la répartition des charges est inéquitable (clés de répartition ou d'imputation obsolètes), certains coûts qui seront surchargés au profit d'autres allégés.

b. Dans le cas de produits nouveaux, on peut les alléger au début pour qu'ils soient compétitifs.

c. Tout centre a systématiquement besoin d'une unité d'œuvre pour l'imputer aux objets de coûts, ici ce sera le coût de revient.

102. Bonne réponse : d

a. Le montant du centre ou de la section est imputé par rapport au nombre d'unités d'œuvre pour donner le coût d'unité d'œuvre.

b. Lorsque l'unité d'œuvre est en valeur, on parle, comme en fiscalité, d'assiette (de l'impôt) et de taux (d'impôt).
c. Si la répartition est mauvaise cela profite toujours à un centre au détriment d'un autre qui le subventionne contre sa volonté.

103. Bonne réponse : d

a. Nombre d'unités d'œuvre = 3 000 u. x 0,2 t. + 1 000 u. x 0,1 t. = 700 t.
b. Le coût d'unité d'œuvre = 140 000 € / 700 t. = 200 €/t.
c. Les charges unitaires pour P1 : 200 € x 0,2 t. = 40 € et pour P2 : 200 € x 0,1 t. = 20 €

104. Bonne réponse : d

Cette 2e approche, plus précise, révèle d'abord que le coût du contrôle de chaque produit et ensuite que le coût de P1 est surchargé dans la de la question précédente.
a. Nombre d'unités d'œuvre pour la Finition : 2 % * 3 000 u. + 6 % * 1 000 u. = 120 h
b. Coût de l'unité d'œuvre la Finition : 98 000 € /350 t. = 280 €/t. et Contrôle = 42 000 €/12 0t. = 350 €/t.
c. Charges indirectes imputées à P1 = 0,2 t. x 280 €/t + 2 % x 350 €/t = 63 €/t et pour P2 = 0,1t x 280 €/t + 6 % x 350 €/t = 49 €/t

105. Bonne réponse : d

Cette analyse montre que l'analyse de la question précédente surévalue le coût du contrôle des P1 (liée au nombre de produits contrôlés, sans tenir compte des contrôles effectués). L'hétérogénéité des 2 activités du centre Production → dans le 1er calcul au subventionnement de P2 par P1.
a. Coût du contrôle = 42 000 €/12 L = 3 500 €/L
b. Coût du lot contrôlé = 3 500 u.*2 L/1500 u. = 4,67 € et P2 = 3 500 u.*10 L/500 u. = 70 €
c. Coût unitaire imputé à P1 = 0,2*280 + 4,67 = 60,67 € et pour P2 = 0,1*280 +70 = 98 €

106. Bonne réponse : b

a. On calcule le coût de produits qui sont composés d'activités.
b. On peut mesurer le les coûts des activités créatrices de valeur perçue par le marché et non plus simplement le coût des produits.
c. Les produits consomment → des activités consommatrices → de charges..

107. Bonne réponse : d

a. L'imputation rationnelle des charges fixes permet de les rendre variables et de dégager la sous activité, ce qui n'est pas le but de la méthode ABC.
b. En affectant directement les charges indirectes aux activités, elles restent toujours indirectes par rapport aux produits.
c. Affecter les charges selon leur traçabilité, permet de les allouer à un coût avec une unité non arbitraire. Ça répond à une critique à la méthode des coûts complets avec les centres d'analyse.

108. Bonne réponse : d

a. Les inducteurs de coûts (*cost drivers*) sont des relations d'allocations étroites avec les coûts qui les lient aux activités (*Consommation de ressources ⇨ Activités ⇨ Produits)*.
b. Ils allouent le coût des activités en fonction du nombre d'inducteurs consommés par les objets de coût (produits, processus, projets, clientèles, etc.).

c. On les regroupe ensuite pour ne pas qu'il y en ait trop (ce qui pose un gros problème de pertinence).

109. Bonne réponse : c

a. La carte des activités peut engendrer un système complexe qui alourdit le coût de traitement des informations.
b. Il faut recenser les activités pour éliminer les activités peu consommatrices de ressources et faiblement créatrices de valeur.
c. L'élimination d'activités peu créatrices de valeur par abandon ou externalisation est favorable. Leur regroupement en activités par facteurs de causalité est critiquable.

110. Bonne réponse : d

a. « Une activité se définit par un verbe d'action », mais c'est insuffisant en analyse de gestion.
b. Toute l'entreprise doit penser, travailler, et agir en activité, autrement la méthode ne peut pas s'appliquer.
c La méthode d'analyse du coût complet par les centres d'analyse et sections homogènes est basée sur l'homogénéité de l'activité du centre d'analyse ou de la section. Donc, l'analyse ABC est une application des sections homogènes.

111. Bonne réponse : d

a. L'ABM se base sur la chaîne de valeur mise en exergue par M. Porter. Elle permet de déterminer l'endroit et la manière pour l'entreprise de créer de la valeur pour le client et de se procurer un avantage concurrentiel.
b. Elle utilise pour cela la réingénierie des processus.
c. Et le benchmarking (comparaison à ce qui se fait de mieux).

112. Bonne réponse : a

a. Le coût de l'unité d'œuvre = 8 000 €/200 h = 40 €/h Donc, chaque fois qu'on utilise cette machine, le coût augmente de 40 €/h machine → C1 = 40 €/h*100 h = 4 000 €
b. L'imputation des charges aux produits = (C1 = 40 €/h*100 h = 4 000 €) + (C2 = 40 €/h*60 h = 2 400 €) + (C3 = 40 €/h * 40 h = 1 600 €) = 8 000 €
c. Il ne s'agit que de charges indirectes.

113. Bonne réponse : d

Ces 3 coûts correspondent aux fonctions de base : achat, puis production et livraison ou distribution. Même si une entité sous-traite tout ou partie de ces fonctions, le coût de revient demeure mais il est en principe minoré.

114. Bonne réponse : c

a. Seules les matières premières se retrouvent dans le produit fini.
b. Les matières consommables disparaissent lors de la production.
c. Les marchandises sont des denrées revendues en l'état ou après ensachage.

115. Bonne réponse : c

a. De coûts directs : prix d'achat, frais d'achat et les taxes non récupérables comme la TVA.
b. De coûts indirects (répartition primaire et secondaire) jusqu'à leur imputation au coût total d'approvisionnement.
c. Des charges supplétives peuvent être rajoutées à celles du compte de résultat courant.

116. Bonne réponse : b

a. Les consommations de stocks peuvent provenir de denrées de la période précédente (Stock initial).

b. Les achats ont comme unique destination leur stock, si minime soit-il.

c. Les stocks concernent *aussi* les produits fabriqués, en-cours, sous produits, déchets récupérables, etc.

117. Bonne réponse : c

a. Le coût d'achat est un coût complet : direct et indirect.

b. Les sorties des stocks sont les consommations en fonction des besoins de la production en cours de période.

c. Exact par équilibre du compte de stock.

118. Bonne réponse : b

a. Le CUMP peut aussi se calculer en fin de chaque période.

b. On n'applique le CUMP que si on peut mélanger tous les lots (biens fongibles).

c. Cette méthode est généralement interdite en normes comptables PCG et IAS-IFRS.

119. Bonne réponse : d

a. Le coût de sortie des stocks peut être estimé en attendant d'avoir traité tous les achats. Les sorties et le stock final devront être réajustés une fois les informations connues. Toutes les informations n'étant pas disponibles quand des lots doivent être consommés, on prend alors le dernier coût connu, celui par exemple du stock initial. Il faudra régulariser le stock final quand les informations seront disponibles.

b. On peut prédéterminer un coût de sortie en fonction du coût de revient du produit fini négocié avec l'acheteur.

c. Il est possible de valoriser les sorties des stocks au cours du jour du réassortiment (exemple restauration, etc.).

120. Bonne réponse : d

	CUMP	**APRÈS CHAQUE ENTRÉE**		
1/4	Stock initial	10000 kg	2,00€/kg	20 000 €
10/4	Entrées de	6000 kg	2,20€/kg	13 200 €
	Total	16000 kg		33 200 €
	CUMP1		**2,075 €/kg**	
22/4	**Sorties de**	**-8000 kg**	**2,075 €/kg**	**-16 600 €**
25/4	Entrées de	10000 kg	2,05 €/kg	20 500 €
	Stock final	**18000 kg**		**37100 kg**
	CUMP2		**2,06 €/kg**	

	CUMP	**SUR LA PÉRIODE**		
22/4	***Sorties de***	-8000 kg	2,065€	-16 523 €
	Stock final	**18000 kg**	**2,065€**	**37 177 €**

121. Bonne réponse : a

a. Coût de production = charges directes de production + consommation des stocks de matières (valeur des sorties du stock) + charges indirectes imputées au coût de production.

b. Les consommations de matières déterminées en sorties de stock

c. Les charges indirectes de production imputées.

122. Bonne réponse : c

a. Les encours sont des produits inachevés sans atteindre un stade de production.

b. Leur valeur en début de période est ajoutée comme élément du coût de production de la période (on commence par achever les encours).

c. Comme pour un stock : encours début + charges de production = coût de production + encours finaux.

123. Bonne réponse : d

a. 10 000 u (1-75%) = 2 500 PE (Production Équivalente)

b. 20 000u x 100 % = 20 000 PE

c. 40 000 u x 80 % = 32 000 PE. →Total = 54 500 PE

Coût unitaire de la PE : 109 000 €/54 500 = 2 €/u.

Coût de A : 5 000 € + 14 000 € = 19 000 €

Coût de B= 20 000 PE x 2€ = 40 000 €

En-cours final C : 32 000 PE x 2€ = 64 000 €.

→ Coût total 123 000 €

Vérification : encours initial + budget = achevés + encours fin

14 000 € + 109 000 € = 59 000 € + 64 000 €

124. Bonne réponse : c

a. Le coût de distribution ne concerne que les produits vendus.

b. Sont composés uniquement des charges directes de distribution + les charges indirectes de distribution.

c. Le coût de revient = coût de production des produits vendus + coût de distribution de ces produits.

125. Bonne réponse : c

a. Valeur de sortie de stocks des produits vendus + coût de distribution des produits vendus.

b. Le prix de revient est une notion fiscale (ou prix de cession interne) pas analytique.

c. Consommation des stocks de produits vendus + coût de distribution de ces produits.

126. Bonne réponse : d

S'ils ont une valeur de vente avec bénéfices substantiels, il faut en faire des sous-produits.

Si les produits joints ont une valeur de vente en l'état, il faut déterminer la répartition du coût entre produit principal et secondaire. S'il faut s'en débarrasser, le coût de débarras est ajouté au coût du produit principal. S'ils sont réinjectés dans la production du principal, on ne calcule rien.

127. Bonne réponse : a

a. Une activité est normale (celle prévue) doit permettre de dégager aussi bien une sous-activité (coût) qu'une suractivité (gain de productivité).

b. La sous-activité apparaît lorsque les charges fixes ont été trop élevées. Un coût en plus donc un malus.

c. La sous-activité est un surcoût (charges fixes engagées ont été trop importantes). Mais, si avec les charges fixes engagées, on est en suractivité, on économise des charges fixes. C'est assimilable à un produit.

128. Bonne réponse : d

a. Le rapport entre l'activité réelle et celle prévue (A_R/A_N) va révéler le surcoût de la sous-activité ou son allègement par le gain de pro-

ductivité. Le coût unitaire (C_u) normal = coût total (C_T) /Activité (heures).
b. Pour imputer rationnellement les charges fixes ? il faut donc séparer les fixes des variables.
c. Plus l'activité au dénominateur augmente et plus C_u baisse → C_u est fonction de A_R, C_u = f (A_R).

129. Bonne réponse : d

Les taux d'activité (activité réalisée A_R/activité normale A_N) sont calculés en rapportant les heures à celles de la norme (hypothèse 1: 800 h/1 000 h = 80 %, etc.).
a. Le coût unitaire Cu de N = 6 000 k€/1 000 h = 6 k€/h ; H1 = 5 200 k€/800 h = 6,5 k€/h, H2 = 5,67 k€/h
b. Les taux d'activité par rapport à la norme sont N = 1000/1 000 = 100 %, H1 = 80 %, H2 = 120 %
c. Les charges fixes imputées rationnellement N= 4 000 k€ x 100%, H1 = 2 000 k€ x 80 % = 1 600 k€ ; H 2 = 2 000 k€ x 120 % = 2 400 k€

130. Bonne réponse : d

a. La sous-activité est un coût ajouté de 2 000 k€ – 1 600 k€ = + 400 k€
b. La suractivité est bonus ou un gain de productivité de 2 000 k€ – 2 400 € = – 400 k€. Le signe négatif montre bien que le gain de productivité le contraire d'un coût donc un produit très recherché.
c. Avant l'imputation rationnelle, à l'unité, les coûts variables unitaires sont fixes (4 000 k€ /1 000 h = 3 200 k€ /800 h = 4 800 k€ /1 200 h = 4 k€/h). Mais les coûts fixes unitaires sont variables (2 000 k€ /1 000 h = 2 k€ ; 2 000 k€ /800 h = 2,5 k€ et 2 000 k€ /1 200 h = 1,67 k€).
L''imputation rationnelle fixe donc le coût fixe unitaire à 4 k€/h et on le rend coût de revient unitaire fixe quelle que soit l'activité.

131. Bonne réponse : d

a. Les stocks doivent être évalués au coût complet avec les charges fixes imputées rationnellement.
b. La sous-activité va majorer les stocks, donc le résultat et l'impôt seront calculés sur un revenu imaginaire.
c. En cas de suractivité, c'est le contraire mais on ne recalcule pas les stocks.

132. Bonne réponse : d

a. Le coût variable ou « *variable cost* » , « *direct costing* », terme impropre car des charges peuvent être directes et fixes, on parle de « coût opérationnel », « *operating cost* ».
b. L'exclusion des charges fixes indirectes permet une prise de décision à partir des facteurs qui varient avec la décision (accepter une commande n'est pas directement lié à l'existence des services comptables ou à l'amortissement des immeubles).
c. MSCV = marge sur coût variable, MSCD = marge sur coût direct ou spécifique ou contributive. La marge sur coût variable <0 est grave. Si elle est > 0 la décision portera sur le signe de la marge sur coût directe.

133. Bonne réponse : d

a. Une marge est la différence entre un chiffre d'affaires (CA) et l'intitulé de la marge. Donc marge sur coût variable de distribution = Chiffre d'affaires – Coût variable de distribution

b. On ne prend en compte que les charges affectables sans ambiguïté.
c. On ne prend pas en compte les charges fixes dans l'analyse des coûts partiels.

134. Bonne réponse : d

a. b. c. Les dotations de la période aux amortissements peuvent être constantes ou pas. Dans ce dernier cas, ça dépend si la variabilité est fonction de l'activité (possibilité) ou des textes fiscaux (non liés à l'activité). La sous-traitance rend direct et variable ce qui ne l'était pas (nettoyages, restauration, etc.). Tout ce qui n'est pas imputable dans ces 3 catégories est fixe et indirect = charges de structure.

135. Bonne réponse : a

a. Avec « y » le coût de revient, « x » l'élément variable fonction de l'activité et « b » un niveau fixe sur une période, alors « y » est une fonction du type y = ax+b, où «ax» sont les charges variables et « a » la pente, donc constante sur une période.
b. Les charges fixes unitaires « b/x » sont variables en fonction de « x » donc variables à l'unité.
c. Fixes totales, vont varier par paliers.

136. Bonne réponse : a

a. Un taux est un rapport donc celui-ci est exact.
b. MSCV = CA – CV → MSCV – Charges fixes (directes et indirectes) = Résultat analytique.
c. La MSCV peut être > 0 et le résultat analytique < 0.

137. Bonne réponse : d

a. Puisque hors contrôle.
b. Un produit abandonné est livré à la concurrence. Si l'entreprise fait l'économie des charges directes, les autres charges vont se répartir sur les autres produits donc ils deviendront moins profitables. Enfin tout produit en début de cycle n'a pas encore absorbé les coûts d'investissement de recherche... et sont déficitaires sans devoir les abandonner.

138. Bonne réponse : c

a. Ce seuil d'équilibre est atteint dès que le produit ou la gamme va dégager du profit. Seuil => $C_A - C_R$ (coût de revient) = 0. Comme $C_R = C_V + C_F$ la MSCV = $C_A - C_V$ = charges fixes (C_F) → $C_A = C_R$ → le résultat est nul.
b. C'est le chiffre d'affaires C_A tel que MSCV = C_F.
c. C'est un seuil de profitabilité car il y a une mise en relation d'éléments du compte de résultat et non du capital investi, dans ce cas ce serait un seuil de rentabilité comme le TRI.

139. Bonne réponse : b

Ce seuil d'équilibre S est atteint dès que le produit ou la gamme quitte la zone de perte sans encore dégager de profit. Donc Seuil => $C_A - C_R$ (coût de revient) = 0. Comme $C_R = C_V + C_F$ alors au seuil => MSCV = $C_A - C_V$ = charges fixes (C_F). Donc seuil S =
a. = (C_A*C_F) / MSCV
b. C_A / taux de marge sur coût variable (TMSCV)
c. C_F /TMSCV

140. Bonne réponse : b

Le taux de marge sur coût variable = marge sur coût variable/ CA. Le seuil en valeur = (C_A*C_F)/ MSCV = C_F/MSCV/C_A = C_A/TMSCV. Le seuil en quantité, divise les C_F sur la MSCV unitaire (μ).

a. Le taux de marge sur coût variable (TMSCV) = 400/1000 = 40 %.
b. Le seuil d'équilibre en valeur est égal à 750 k€.
c. Le seuil d'équilibre en quantité est égal à 150 u.

141. Bonne réponse : b
Le seuil est montré par ce graphique de marge sur coût variable y = 0,4x et les C_F = 300 sur la période
b. les fonctions constantes et linéaires sont des fonctions affines.
c. Le point où 300 en ordonnée rencontre la droite de marge sur coût variable → marge sur coût variable = C_F, donc le seuil de 750 est visible.

142. Bonne réponse : b
0,4x - 300 = 0 → x = 750 k€. En plaçant en ordonnée les résultats et en abscisse les chiffres d'affaires, au point 0 sur l'axe des abscisses correspond 750 k€
a. Date d'atteinte du seuil est d'environ : 270 jours.
b. Au seuil, le résultat = 0 → 0,4 x - 300 k€ = 0 → x = 750 k€
c. Le seuil apparaît sur les abscisses où se situe le CA.

143. Bonne réponse : a
Les charges fixes sont d'abord de 300 k€ puis passent à 300 k€ + (2 000 k€ * 10 %) = 500 k€. Le nouveau seuil est alors égal à : 0,4x = 500 k€ donc x = 1 250 k€
a. Les charges fixes ont augmenté annuellement de : 10 % * 2 000 k€ = 200 k€
b. Les charges fixes sont = 200 k€ + 300 k€ = 500 k€
c. Le seuil est = 500/0,4 = 1 250 k€

144. Bonne réponse : d
a. Avant la décision d'investir, le résultat valait au maximum : 220 u (5 k€-3k€) -300 k€ = 140 k€.
b. Après, le résultat vaudra au maximum : 350 u (5k€-3 k€)-500 k€ = 200 k€.
c. Dans la nouvelle structure, pour un résultat équivalent à l'ancienne structure, le chiffre d'affaires devra être égal à (140 k€ + 500 k€) / 40 % = 1 600 k€.

145. Bonne réponse : a
a. Le chiffre d'affaires fin mars : (324 u. x 3mois/12) 5 € = 405 k€.
b. La MSCV jusqu'à fin mars : 405 k€ x 40 % = 162 k€.
c. La MSCV serait début avril de : 5 € – (3 € (1-20 %)) = 2,6 €.

146. Bonne réponse : d
a. Le taux de marge sur coût variable passera alors à 2,6 € / 5 € = 52 %
b. Charges fixes à couvrir pour atteindre le seuil = 500 k€ – 162 k€ = 338 k€
c. Le chiffre d'affaires complémentaire « x » à réaliser pour atteindre le seuil est la solution de l'équation : 52 % « x » = 338 k€, donc x = 650 k€. → seuil : 405 k€ + 650 k€ = 1 055 k€

147. Bonne réponse : c
a. Un taux est exprimé en %
b. La marge sur coût variable pour un mois « x » du troisième trimestre est de (350 k€ x 3)/600 k€ = 1,75 k€
c. Le seuil est atteint au trimestre 3 à : 800 k€ – 450 k€ = 350 k€. → seuil = (2 000 k€/3) x 1,75 + 3 500 k€ = 4 667 k€

148. Bonne réponse : b

a. La MSCV moyenne est de : [(12 kg x 2 k€) + (8 kg x 6 k€)]/12 kg + 8 kg = 36 k€

b. Le seuil d'équilibre total en quantité : 300 k€/36 k€ = 8,3 kg.

c. Quantité de A : 8,3 kg x12/(12 + 8) = 5 kg. Quantité de B = 8,3 kg x 8 /(12 + 8) = 3,3 kg.

149. Bonne réponse : b

a. Un programme de production prévoit, par exemple, sur une courte période les besoins précis d'activité, de production, les quantités de facteurs utilisés (kg, litres, etc.).

b. Précise les niveaux d'activité, de production, les volumes de facteurs consommés.

c. Est surtout exprimé en unités physiques (produits, heures, etc.).

150. Bonne réponse : a

À la condition que cette fonction soit dérivable.

a. D'un lot : $\Delta CT/\Delta q = f\ (q+\Delta q)/\ \Delta q$

b. Si q tend vers 0, alors ce lot supplémentaire est faible par rapport à la production de la période, donc le Cm est égal à la limite de $\Delta CT/\Delta q$ quand Δq tend vers → 0

c. Cette limite est la dérivée de la fonction du coût total et Cm = CT'q.

151. Bonne réponse : d

Dans cette fonction, la dérivée de la somme est égale à la somme des dérivées. Par ailleurs, il s'agit bien de la dérivée première. La dérivée seconde est la dérivée de la dérivée.

a. Cette fonction de CT est donnée par la droite de tendance d'Excel.

b. Le Cm est la dérivée première de cette fonction de q.

c. Le Cm = 18 q2 – 300 q + 8 000.

152. Bonne réponse : a

CM = (6 q3 – 150 q^2 + 8 000 q) / q = 6 q^2 – 150 q + 8 000. Elle s'annule pour : 12 q – 150 = 0, donc q = 12,5. Dans ce cas, le coût total CT = 6(12,5)3 – 150$(12,5)^2$ + 8 000(150) = 88 281 €.

b. La dérivée du CM : CM' = 12q – 150.

c. L'optimum technique : q = 12,5.

153. Bonne réponse : d

À connaître.

154. Bonne réponse : d

À connaître.

155. Bonne réponse : d

À connaître.

156. Bonne réponse : d

À connaître.

157. Bonne réponse : c

Le coût moyen est le coût de revient total de toute la production jusqu'au dernier lot hypothétique divisé par la quantité totale de lots. Plus on fabrique, plus le CM diminue. L'optimum technique est le niveau de production qui annule la dérivée du CM. À l'optimum économique, le CM est au plus bas puis remonte.

a. Dépend de la quantité de lots à produire pour atteindre un bénéfice maximum.

b. Est le niveau de production tel que le coût moyen CM est minimum.

c. A l'optimum technique, le CM = Cm.

158. Bonne réponse : a

b. C'est le niveau de production qui maximise le profit.

c. Lorsque la Rm = Bm, ce n'est rien d'autre qu'un hasard.

159. Bonne réponse : a

b. Le résultat est maximum quand sa dérivée première s'annule : R(q) = CA'(q) – CT'(q).
c. Le chiffre d'affaires du dernier lot, ou prix ou recette marginale : Rm = Coût marginal Cm.

160. Bonne réponse : d

a. Le chiffre d'affaires : $Rq = 7\ 550\ q - (6\ q^3 - 150\ q^2 + 8\ 000\ q) = -6\ q^3 + 150\ q^2 - 450\ q$
b. La dérivée $R'q = 18\ q^2 + 300\ q - 450$ est à annuler pour avoir un optimum. Ce qui donne, avec le signe du trinôme → deux racines dont la plus élevée = 15.
(Pour la résolution de l'équation « $ax^2 + bx + c = 0$ », on pose que le discriminant d. = $b^2 - 4\ ac$. Si D > 0, → cette équation admet 2 solutions : la 1ère : $x1 = -b - \sqrt{\Delta}/2a$ et la 2ème : $x2 = -b + \sqrt{\Delta}/2a$)
Si $\Delta < 0$, alors une seule solution apparaît : $x = -b/2a$.
Si $\Delta = 0$ il n'y pas de solution.

161. Bonne réponse : d

À connaître pour retrouver le coût de revient à partir du coût marginal puisque ce dernier est la dérivée du coût total.

162. Bonne réponse : c

La droite de prix est une fonction affine à pente négative. Ça veut dire que plus on achète de quantités q et plus le prix baisse. La courbe du Cm est une parabole mais comme les q ne peuvent être que positifs (q > 0), elle paraît être une exponentielle. Le coût moyen CM est aussi une parabole mais plus plate puisque la moyenne est plus lente à se modifier.
a. La courbe y2 en trait plein est la fonction du Cm.
b. La courbe y1 en pointillés à large traits est celle du CM.
c. Le trait en pointillé à pente négative est une fonction du prix.

163. Bonne réponse : d

a. Le point d'intersection de y1 et y2, exprime le cas où on peut ramener le Cm au coût variable.
b. Le point d'intersection de y1 et y3, exprime l'optimum technique.
c. Le point d'intersection de y1 et la droite en pointillés, exprime l'optimum économique.

164. Bonne réponse : d

L'optimum technique sera obtenu pour CM = minimum.
Dérivée de $0{,}10\ q^3 - 5\ q^2 + 80\ q = 0$
$CM' = 0{,}2q - 5 = 0 \Rightarrow q = 25$ si c'est l'optimum alors il est égal au Cm.
Vérifions : $0{,}1 - 5 + 80 = Cm = 0{,}3q^2 - 10q + 80 \Rightarrow 0{,}2\ q^2 - 5q = O \Rightarrow q = 0$ et $q = 25$
$CT' = Rm = 0{,}3q^2 - 10q + 80 = -15q + 1200 \Rightarrow 0{,}3q^2 + 5q - 1120 = 0 \Rightarrow$ et $q = 53$ et $q = -70$ (impossible puisqu'il s'agit de produits).

165. Bonne réponse : d

Si le Cm permet de décider l'acceptation ou le refus sur le quantifiable d'une commande supplémentaire, il oublie que la décision porterait sur l'avantage d'accrocher un nouveau client ou une opportunité stratégique, etc. par ailleurs toutes les tarifications en fonction de la saison, du délai de paiement, du mode, etc. qui fondent le Yield management sont basées sur le modèle du Cm. Enfin, les PCI peuvent être évalués au Cm et au coût variable si les charges fixes sont constantes.

166. Bonne réponse : d

Accepter toute proposition dont la Rm > Cm pourrait compromettre la rentabilité à long terme. Les clients qui ont payé un prix se sentent floués si ce prix a été bradé pour quelques jours (dans un avion sont assis côte à côte des passagers aux tarifs qui vont du simple au triple, voire plus). L'image de marque de soldeur est un risque stratégique de mauvaise qualité.

167. Bonne réponse : d

a. C'est un « coût constitué par la différence entre l'ensemble des charges d'exploitation nécessaires à une production donnée et l'ensemble de celles nécessaires à cette même production majorée ou minorée d'une unité » (PCG 1982).

b. C'est la variation du coût total ΔCT consécutive à un lot ou une série supplémentaire.

c. Si on étend la définition pour n'importe quel lot, alors le Cm est la variation du coût total / q.

168. Bonne réponse : a

b. Cm est égal au coût variable du lot supplémentaire + les charges fixes du lot supplémentaire.

c. Cm est égal au coût Moyen (CM) à l'optimum.

169. Bonne réponse : d

Le choix est complexe car il doit résulter de la confrontation entre la stratégie, la politique et la structure de l'entreprise.

170. Bonne réponse : d

Quel que soit leur mode de détermination, les PCI ne modifient pas le résultat total de l'entreprise puisque les produits d'un centre vendeur sont les charges du centre acheteur. Ils facilitent la « mise sous contraintes » de l'organisation. Le marché permet d'ajuster automatiquement les décisions (flexibilité et réactivité) et il en résulte une meilleure allocation budgétaire.

171. Bonne réponse : b

Ils ne doivent pas inciter les responsables à optimiser leur performance au détriment de celle de l'entreprise. Ils doivent juste aider la convergence globale.

172. Bonne réponse : d

Les actions d'un centre ne doivent pas perturber les résultats d'un autre centre. Sans les PCI, il y aurait des subventionnements automatiques.

173. Bonne réponse : d

Le principe des PCI est que tout centre devrait pouvoir s'approvisionner ou vendre sur le marché si ce dernier est moins cher. De fait, les autres centres vont être motivés pour améliorer leurs coûts afin d'être compétitifs. Mais si le risque est de rendre alvéolaire l'entité, on peut rétorquer qu'une ruche est une organisation adaptée à son activité. À l'entreprise de réinventer la sienne en fonction d'un environnement perturbant.

174. Bonne réponse : d

Mais le prix réel du marché ne permet pas d'évaluer la rentabilité à long terme.

175. Bonne réponse : d

La fixation du PCI par rapport au coût est pratique lorsqu'il n'existe pas de réel marché correspondant au produit.

176. Bonne réponse : d

a. Avec le coût complet réel, les délais de calculs sont longs et on connaît bien tard le prix auquel on avait acheté les produits.

b. Les coûts standards s'ils sont trop souvent recalculés, les « vendeurs » transfèrent leurs gains de productivité mais sans pouvoir les faire payer aux centres acheteurs. S'ils ne sont pas assez souvent recalculés, les avantages acquis demeurent comme des rentes de situation.

c. Au coût partiel, comme le coût variable, mais à condition que les charges fixes ne changent pas de palier.

177. Bonne réponse : a

Le risque, avec le coût marginal, est l'absolue nécessité de le calculer car ce n'est pas une donnée exogène comme pour le prix de marché, mais endogène. Le coût d'opportunité de l'entreprise, c'est le manque à gagner provenant d'un achat interne lorsque soit le centre vendeur ne peut pas vendre à meilleur prix sur le marché soit qu'il est en sous-activité à cause de la faiblesse de la demande en interne.

178. Bonne réponse : a

Centres de	Objectifs	Prix de cession interne
Profit pur	Maximisation du profit, avec demande interne et externe	Prix du marché
Profit bâtard	Maximisation de la marge avec une demande interne	Coût complet ou marginal + marge
Coût	Coût, qualité, flexibilité, délais, demande interne et externe	Coût complet ou marginal

179. Bonne réponse : c

Les responsables de *business units* doivent avoir une politique budgétaire profitable. Les autres centres par les PCI vont essayer de faire au mieux de leur intérêt. Les conflits apparaissent lorsque l'intérêt de l'entreprise n'est plus mis en exergue. Si les dualités de personnes abolissent ce principe, alors la direction peut imposer les PCI. De même au cas où un centre doit fournir une commande spécifique ou rare (donc anormale), la direction peut imposer le processus et les PCI pour éviter tout conflit.

a. Les conditions du conflit sont réunies entre les centres.

b. Les cessions internes sont rares.

c. Une commande exceptionnelle est reçue par un centre.

180. Bonne réponse : b

		Diversification	
		Faible	Forte
Intégration	Faible	Collectif	Concurrentiel
	Forte	Coopératif	Participatif *

a. Concurrentiel, à gestion décentralisée et contrôle financier, les centres peuvent s'approvisionner sur le marché (sans débouchés assurés) Les PCI sont au prix de marché.
b. Coopératif, elles sont fortement intégrées et faiblement diversifiées (agroalimentaire), grande taille, et sont des bureaucraties mécanistes.
c. Participatif : ce sont des adhocraties administratives avec des structures matricielles où les unités se font souvent concurrence ; les PCI y sont imposés ou négociés sur la base du prix de marché.

Activité intégrée ?				
	Non	: les centres peuvent librement négocier leurs PCI en interne ou sur le marché		
	Oui	: les PCI et PCE relèvent d'activités différentes ?	**Oui**	**PCI au prix de marché**
			Non	**PCI au coût complet ou partiel**

181. Bonne réponse : c

a. 5 lots est l'optimum économique pour la BU1.
b. 3 lots est l'optimum économique pour la BU2.
c. 4 lots est l'optimum économique de l'entreprise.

	Simulation pour la BU1				
Lots	1 lot	2 lots	3 lots	4 lots	**5 lots**
prix de cessions internes	85k€	170k€	255k€	340k€	**425k€**
C Revient	165k€	220k€	275k€	330k€	**385k€**
Résultat	-80k€	-50k€	-20k€	10k€	40k€

Simulation pour la BU2				
1 lot	*2 lots*	**3 lots**	*4 lots*	*5 lots*
85k€	17 k€	**255k€**	*340k€*	*42 k€*
169k€	*27 k€*	**377k€**	*481k€*	*585k€*
41k€	*97k€*	**113k€**	*89k€*	*25k€*

	Simulation pour le groupe				
Lots	1 lot	2 lots	**3 lots**	**4 lots**	5 lots
Ventes	210 k€	370 k€	490 k€	**570 k€**	610 k€
Coût de revient de la BU1	165 k€	220 k€	275 k€	**330 k€**	385 k€
Coût de revient de la BU2	84 k€	103 k€	122 k€	**141 k€**	160 k€
Résultat	-39 k€	47 k€	93 k€	**99 k€**	65 k€

Il y a donc conflit d'intérêt entre les BU1 et BU2 le groupe va imposer les PCI à défaut d'entente entre les *Business units*.

182. Bonne réponse : d

Avant d'établir un budget définitif, on teste des hypothèses (d'activités, prix, coûts, etc.) pour mesurer leurs impacts sur le budget définitif.
a. Grâce aux tableurs, on simule toutes les occurrences d'avenir.
b. Comme les RH sont partie prenante dans la fixation des objectifs à atteindre, il les motive.
c. Les hypothèses sont nourries par tous les niveaux hiérarchiques, cela créent une « négociation » générale, un compromis, propice à la prévention des conflits.

183. Bonne réponse : a

a. Les programme de production, d'achat, de commercialisation, etc. sont quantifiés. Leur valorisation se fait dans les budgets.
b. Les budgets amont sont techniques : ventes, productions, commercialisation, administration, etc.
c. Les budgets avals sont financiers : financement, investissement, trésorerie. et permettent d'établir le budget synthétique, c'est-à-dire les documents de synthèse prévisionnels (bilan, compte de résultat, annexes).

184. Bonne réponse : d

a. Le budget flexible est composé de charges fixes et variables. Il simule une occurrence d'activité généralement exprimée en heures.
b. Les charges variables varient en fonction de l'activité mais les fixes restent fixes
c. Son expression est: $y = ax + b$, où « x » le nombre d'heures ou de produits, « b » les charges fixes (indirectes) et « a » le taux de variabilité des charges variables. Tant que « a « est constant, les charges variables sont proportionnelles.

185. Bonne réponse : a

a. Il correspond à celui des centres d'activités auxiliaires ou activités de support. Ces services n'ont pas d'unité d'œuvre, donc ils sont peu corrélés avec l'activité ; leur prévision sera arbitraire.
b. Est reconduit chaque année sauf en cas de dépression ou d'envolée de l'activité.
c. Est établi en relation mais sans corrélation avec l'activité.

186. Bonne réponse : a

a. Si les objectifs sont placés de manière trop ambitieuse, ça démotive les responsables et les opérationnels.
b. Si les objectifs sont placés de manière trop basse, l'entité n'est pas mise sous tension et la facilité s'installe.
c. Est de gérer les dépassements en gestion budgétaire et d'analyser les écarts en contrôle budgétaire.

187. Bonne réponse : b

a. Est constitué exclusivement de charges qui composent les coûts.
b. La performance est une notion produite et perçue donc déclinée en termes de Coûts minimum, Qualité totale, Flexibilité constante, Délais très courts.
c. Doit faire la chasse à la sous-activité et chercher des gains de productivité.

188. Bonne réponse : d

a. La billetterie, les centres commerciaux, les agences de ventes et de placement de contrats, etc. ont des charges directes minimes qui leur sont affectées.

b. Le budget des ventes est le budget moteur duquel dépendent les autres. Mais on peut vendre à perte et/ou avec des conditions de règlement qui aggravent l'encours commercial, ce qui fait prendre des risques importants à l'entreprise.

c. Pour augmenter le chiffre d'affaires, on est moins regardant sur la solvabilité des clients.

189. Bonne réponse : c

a. Est jugé sur son différentiel entre les produits du centre et les charges qu'il génère.

b. Doit avoir comme responsable un manager cumulant maîtrise technique des coûts et propension à gérer la force de vente.

c. Calcule les marges sur coût direct, variable, spécifique, etc.

190. Bonne réponse : a

a. En phase 1, le décollage peut être vertical (croissance exponentielle). En phase 2, la croissance est soutenue mais moins forte (linéaire). En phase 3, elle s'arrondit (parabolique) jusqu'au déclin.

b. Phase 2 = croissance

c. Phase 3 = maturité

191. Bonne réponse : a

a. Lancement, les études de marché sont déterminantes.

b. Croissance, les ventes progressent régulièrement.

c. Maturité, le taux de croissance est nul car on vend tous les ans une quantité constante voire inférieure.

192. Réponse : d

On retrouve sur un graphique Excel(R) la courbe de tendance qui exprime les quatre phases de la courbe de vie de ce produit.

193. Bonne réponse : a

a. La fonction «NBVAL» dénombre les valeurs sur du calcul.

b. La fonction «MOYENNE» donne 10,2916 kg vendus.

c. La fonction «ECARTYPEP» = 4kg. Ne pas confondre avec la fonction «ECARTYPE» qui traite un échantillon et donne 4,4436kg.

194. Bonne réponse : d

La prévision depuis plusieurs années d'existence, se base sur les rapports étroits qui peuvent exister entre la tendance de l'activité principale et un ensemble de facteurs explicatifs. Une fois la meilleure corrélation déterminée, les prévisions de l'une sont tendancielles avec les prévisions de l'autre.

195. Bonne réponse : d

Reprendre les données sur Excel® et calculer à l'aide de la fonction» COVARIANCE.STANDARD».

196. Bonne réponse : d

Reprendre sur Excel® les données et demander une courbe de tendance et son équation.

197. Bonne réponse : d

Reprendre sur Excel® les données et demander une courbe de tendance et son équation.

198. Bonne réponse : d
Reprendre sur Excel® les données et demander une courbe de tendance et son équation.

199. Bonne réponse : d
Reprendre les données et calculer avec la fonction Excel® «COEFFICIENT.CORRELLATION».

200. Bonne réponse : d
Reprendre les données et calculer avec la fonction Excel® «COEFFICIENT.DETERMINATION». On voit que le coefficient de détermination est le carré du «COEFFICIENT.CORRELLATION».

201. Bonne réponse : d
Reprendre les données et calculer avec la fonction Excel® «MOYENNE».

202. Bonne réponse : d
a. Le but des MM est de lisser les valeurs en prenant les moyennes de n valeurs dans la série.
b. En lissant, on se situe toujours entre les extrêmes de chaque mois.
c. Mais avec Excel®, on n'a pas l'équation de la droite de tendance lissée.

203. Bonne réponse : d
La droite est bien tracée. On peut aussi utiliser «DROITEREG» pour le pente mais la corrélation est très mauvaise on ne peut pas faire de prévision ainsi. Il faudrait une polynomiale d'ordre 6.

204. Bonne réponse : d
Recopier les données et tester les résultats avec les fonctions Excel(R).

205. Bonne réponse : d
a. C'est comme les intérêts composés où il faut tenir compte des hausses précédentes pour appliquer le taux suivant. En intérêt simple on trouve 6 %.
b. Dans le cas de paliers, on utilise la fonction «MOYENNE.GEOMETRIQUE» qui donne 5,477 %.
c. Si chaque nombre est pondéré, la moyenne arithmétique devient une moyenne pondérée.

206. Bonne réponse : d
a. b. La gestion des approvisionnements et des stocks a un programme qui doit à moindre coût répondre à deux nécessité opposées : réduire les stocks au minimum mais éviter la rupture.
c. Les stocks sont à l'actif un poste important du bas de bilan et, comme ils mobilisent des capitaux, ils font partie du besoin en fonds de roulement.

207. Bonne réponse : d
a. La gestion par exception des denrées considère que peu de références stockées correspondent à une consommation importante en valeur.
b. Schématiquement, 20 % des références correspondent à 80 % des consommations de stocks ; c'est la loi de Pareto.
c. Des références peu chères font partie de la stratégie de domination par les coûts mais la qualité des produits et des relations fournisseurs en dépend.

208. Bonne réponse : d
a. Avec l'onglet « Trier et filtrer », les 2 premiers produits par ordre d'importance en valeur sont 7 et 4.
b. Et les deux derniers produits par ordre d'importance en valeur sont 5 et 2.

c. 4/8 produits font 889/111 ou 80 % de la valeur totale.

Classement	Valeurs	Cumul	% cumulés	% denrées
7	*589 €*	*= 589 €*	*53,0%*	*12,5%*
4	*300 €*	*= 889 €*	***80,0%***	***25,0%***
1	60 €	= 949 €	85,4%	37,5%
6	56 €	= 1 005 €	90,5%	50,0%
2	16 €	= 1 021 €	91,9%	62,5%
8	30 €	= 1 051 €	*94,6%*	*75,0%*
5	24 €	= 1 075 €	96,8%	87,5%
3	36 €	= 1 111 €	100,0%	100,0%

209. Bonne réponse : d

Pour une représentation graphique de la règle des 20/80 ; malgré l'apparence logarithmique, toutes ces courbes peuvent être des polynomiales il suffit de monter la puissance pour approximer encore mieux.

210. Bonne réponse : a

a. La gestion optimale des stocks basée sur le modèle de Wilson, doit déterminer les quantités optimales à commander **Q** et le nombre optimal de commandes à passer **N** pour que le coût total d'approvisionnement soit minimum.
b. Doit déterminer les quantités optimales à commander **Q** et le nombre optimal **N** de commandes à passer.
c. Permet de minimiser le coût d'approvisionnement.

211. Bonne réponse : a

La gestion optimale des stocks doit minimiser le coût total composé d'un certain nombre de coûts comme le coût variable de passation ou de lancement d'une commande et le coût de possession. S'ajoute à cela **Cp** le coût de pénurie en cas de problème de gestion du stock.
a. La demande **D** correspond à la sortie des stocks de matières ou produits.
b. Le coût de stockage est un coût unitaire appliqué à la valeur du stock moyen détenu.
c. Le coût de lancement (passation) d'une commande, est composé des charges nécessaires pour passer une commande.

212. Bonne réponse : a

a. N, le nombre de commandes optimales à passer est égal au rapport entre la demande et la quantité. Par exemple, si on consomme 25 yaourts par semaine (D) et qu'on les achète par 12 (Q), il faut en acheter toutes les semaines (N).
b. La fréquence de réapprovisionnement N = D/Q.
c. Coût total de gestion du stock CT = Cl (lancement) + Cs (stockage) + Cp (pénurie).

213. Bonne réponse : a

a. Comme ce modèle s'inscrit dans le cadre d'un optimum, tout ce qui est hors des hypothèses (stock de sécurité, délais de livraisons anormaux, etc.) ne rentre pas dans le modèle mais est ajouté en fonction des circonstances.
b. Les réapprovisionnements se font instantanément donc les ruptures ne sont pas prises en compte.
c. La constitution d'un stock de sécurité est inutile.

214. Bonne réponse : c

Le stock moyen est égal à (St initial + St final)/2

= D/2 si on ne se réassortit qu'une fois. Mais si dans la période P on se réassortit 2 fois, alors on va s'approvisionner de la moitié soit D/2 et le stock moyen Sm = D/2*2 = D/4. Finalement, si on se réapprovisionne N fois, le stock moyen Sm = D/2N. C'est à ce Sm qu'on va appliquer le Cs.

a. Coût de lancement = charges de lancement unitaire Cl * N (nombre de commandes).

b. Coût de possession = charges de stockage unitaire Cs * stock moyen.

215. Bonne réponse : c

Nous sommes en présence d'un coût et l'annulation de la dérivée première suffit car on ne peut déterminer un coût maximum. Lorsque les coûts de stockage = le coût de lancement, le coût total est à son minimum.

a. On annule la dérivée du coût total.

b. Il est obtenu lorsque : coût de lancement Cl = coût de stockage Cs.

c. à l'optimum le CS = Cl.

216. Bonne réponse : a

a. Consommation = 2.400 kg x 20 € = 48.000 €. Le coût de passation ou de lancement Cl variable est proportionnel en fonction de N. Donc :

b. 48 000 € de consommation totale en valeur.

c. 60 € coût de passation ou lancement Cl fonction de N.

217. Bonne réponse : d

On applique la formule du coût total fonction de N (=D/Q) et CT = Cs x N + Cl x D/2N.

La dérivée Cs – Cl x D/2N^2 = 0 donne N^2 = 36 donc N = 6 commandes dans la période.

218. Bonne réponse : c

Soit on commande 6 fois une quantité fixe **Q**, soit tous les 2 mois (N = 6) une quantité variable fonction de la consommation pendant la période de réapprovisionnement. Mais pas tous les 2 mois une quantité fixe car cela voudrait dire que la consommation est régulière donc pas besoin de modèle.

a. On commande 6 fois une quantité fixe **Q.**

b. On commande tous les 2 mois (N = 6) une quantité variable.

219. Bonne réponse : d

N	Cl.* N	Cs/2N	= CT
1	60€	2160€	2220 €
2	120€	1080 €	1200 €
3	180€	720 €	900 €

N	Cl.* N	Cs/2N	= CT	
5	300 €	432 €	732€	
6	360€	360€	= 720€	= optimum
7	420 €	309€	729€	

N	Cl.* N	Cs/2N	= CT
9	540 €	240€	780€
10	600 €	216€	816€
11	660 €	196€	856€

220. Bonne réponse : c

Soit on commande 6 fois une quantité fixe Q = 2 400/6 = 400 kg, donc à 20 €/kg = 8 000 €, soit tous les 2 mois (N = 6) une quantité variable fonction de la consommation pendant la période de réapprovisionnement (politique 1). Mais pas tous les 2 mois une quantité fixe car

cela voudrait dire que la consommation est constante, donc pas besoin de modèle.
a. 400 kg est la quantité optimale Q (politique 1) à s'approvisionner pour chacune des commandes.
b. 8.000 € est le coût de chaque livraison.

221. Bonne réponse : d

Le coût de lancement est égal au coût unitaire * N ou D/Q donc une fonction hyperbolique. La somme des deux courbes est une courbe enveloppe asymptotique aux deux. Le coût de stockage (avec N = D/Q) est de la forme (D x Cs)/2N ou (Cs x Q)/2 et la somme des deux = soit + Cl x N + (D x Cs)/2N soit (Cl x D)/Q + (Cs x Q)/2.
a. La droite représente le coût de lancement ou de passation des commandes en fonction de N.
b. L'hyperbole est une fonction dont l'expression la plus simple est y = a/x.
c. La courbe enveloppe représente le coût total, somme des deux courbes.

222. Bonne réponse : d

Pol.1 400kg	*décembre*	**janvier**	**février**	**mars**	**avril**	**mai**	**juin**
Commandes	400kg	400kg		400kg			400kg
Livraisons			**400kg**	**400kg**		400kg	
Consommation		*200kg*	*150kg*	*250kg*	*250kg*	*200kg*	*200kg*
Stock	**350kg**	**150kg**	**400kg**	**550kg**	**300kg**	**500kg**	**300kg**

	juillet	août	septembre	octobre	**novembre**	***décembre***	
Commandes	400kg		400kg				2400kg
Livraisons		**400kg**		**400kg**	**400kg**		2400kg
Consommation	150kg	50kg	200kg	250kg	250kg	250kg	2400kg
Stock	150kg	500kg	300kg	450kg	600kg	350kg	= 4.900kg

223. Bonne réponse : d

P2 Ts les 2 mois	janvier	février	mars	avril	mai	juin
Commandes		400kg		200kg		**450kg**
Livraisons		**500kg**		400kg		200kg
Consommation	200kg	*150kg*	*250kg*	*250kg*	*200kg*	**200kg**
Stock	150kg	500kg	250kg	400kg	200kg	200kg

	juillet	août	septembre	octobre	novembre	décembre	
Commandes		500kg		350kg			2400kg
Livraisons		**450kg**		**500kg**		**350kg**	2400kg
Consommation	150kg	50kg	200kg	250kg	250kg	250kg	2400kg
Stock	50kg	450kg	250kg	500kg	250kg	350kg	= 3.900kg

224. Bonne réponse : d

a. Organisation : dans la politique 1, le même service peut commander ou réceptionner alternativement un mois sur deux, sauf en mars et en août où il faut négocier avec le fournisseur pour commander en avril et en juillet.

b. Du point de vue organisationnel, dans la politique 2, le même service peut commander et réceptionner alternativement un mois sur deux et faire autre chose un mois sur deux.

c. On stocke 3 900 kg dans la politique 2 (4 900 kg dans la politique 1)

225. Bonne réponse : d

Le modèle de Wilson est un modèle d'optimisation simplifié. Les entreprises qui veulent l'appliquer doivent l'adapter à leurs contraintes d'approvisionnement.

a. Les ruptures de stocks sont justement le problème à traiter en priorité.

b. Les quantités commandées sont sans influence sur les prix d'achat car hors modèle d'optimisation.

c. Le stock de sécurité ne doit pas forcément être ajouté au modèle d'optimisation.

226. Bonne réponse : d

Ce stock dit aussi « critique » est un niveau d'alerte car à ce niveau de stock, on peut juste couvrir le délai de livraison et ne pas entamer le stock de sécurité. Si c'est le cas, il faudra compléter ce stock de sécurité à la prochaine commande.

227. Bonne réponse : d

Le stock d'alerte permet d'assurer la consommation durant le délai normal de livraison. Les commandes en cours sont à prendre en considération. C'est ce stock d'alerte qui permet de maintenir à niveau le stock de sécurité. Ce stock d'alerte peut se constater graphiquement.

228. Bonne réponse : a

a. Au tarif le minimum, CA ou Demande D = (900 kg x 380 € = 342 000 €) + (Coût de lancement = 5 % x 380 € = 19 €) + (coût de détention = 790 € x 900 kg = 711 000 €) → 342 000 € + 19 Q + 711 000 /Q

b. La dérivée = - 711 000 /Q^2 + 19.

c. On annule la dérivée : - 711 000 /Q^2 + 19 = 0 → Q = 193 kg →Q > 100 kg, incompatible avec le tarif minimum.

229. Bonne réponse : d

a. CA ou Demande D = (900 kg x 290 € = 261 000 €) + (Coût de lancement = 5 % x 290 € = 14,50 €) + (coût de détention = 790 € x 900 kg = 711 000 €) → 261 000 € + 14,5Q + 711 000 /Q.

b. La dérivée = 14,5 - 711 000/Q2
c. Q = 221,437 kg.

230. Bonne réponse : d

On obtient donc une quantité Q à acheter, compatible avec le tarif fournisseur car 204,508 kg est [100 kg et 300 kg].

231. Bonne réponse : d

Ce modèle avec pénurie possible suppose que les demandes non satisfaites ne sont pas perdues, mais simplement différées à la période suivante.

232. Bonne réponse : d

a. Le taux de pénurie = Cp/(Cp+Cs) = α.
b. Le taux de pénurie n'empêche pas de faire la liaison avec le modèle de Wilson (*cf.* question suivante).
c. α = S/Q

233. Bonne réponse : d

	sans pénurie p et **avec p**	
Modèle de Wilson et pénurie p	Sans p	**Avec pénurie p**
Quantité optimale	Q	$Qp=Q\sqrt{1}/\alpha$
Nb de commandes	N	$Np=N\sqrt{\alpha}$
Période de temps	T	$Tp=T\sqrt{1}/\alpha$

234. Bonne réponse : d

a. Optimal mensuel tel que 20/20+10 = α = P(D < S) = 0,667 = P(X < (S – 800)/200 = 0,667. Par la table de loi Normale centrée et réduite ou la fonction Excel(R) 43% = (S – 800)/200 → S = 886 kg donc < 900 kg.
b. Stock de sécurité : 886 kg – 800 kg = 86 kg donc < 90 kg.
c. Stock de sécurité pour assurer un taux de service de 95 % = taux de rupture = 5 % est P(D < S) = 5 % = P(D < S) = 95 % → P(X < (S – 800)/200 = 95 % → (S – 800)/200 = 1,645 → S = 1 130 kg. Le stock de sécurité = 1 130kg – 800kg = 330kg.

235. Bonne réponse : d

a. Elle correspond au CA maximum mais pas au profit probablement le plus élevé.
b. Σ probabilités (de ventes) = 100 %, donc = 1.
c. Le prix de vente = coût + marge = 6 € + 4 € = 10 €

236. Bonne réponse : d-

M1	MATRICE DES VENTES					
Achats	**0u**	**50u**	**100u**	**150u**	**200u**	**250u**
0u	0	0	0	0	0	0
50u	0	50 u.	50 u.	50 u.	50 u.	50 u.
100u	0	50 u.	**100 u.**	100 u.	100 u.	100 u.
150u	0	**50 u.**	100 u.	150 u.	150 u.	150 u.
200u	0	50 u.	100 u.	150 u.	200 u.	200 u.
250u	0	50 u.	100 u.	150 u.	200 u.	250 u.

237. Bonne réponse : c

M2	MATRICE DES INVENDUS					
Achats	**0u**	**50u**	**100u**	**150u**	**200u**	**250u**
0u	0	0	0	0	0	0
50u	50 u.	0	0	0	0	0
100u	100 u.	50 u.	0	0	0	0
150u	150 u.	100 u.	50 u.	0	0	0
200u	200 u.	150 u.	100 u.	50 u.	0	0
250u	250 u.	200 u.	150 u.	100 u.	50 u.	0

238. Bonne réponse : a

M3	MATRICE DES RESULTATS					
Achats	**0u**	**50u**	**100u**	**150u**	**200u**	**250u**
0u	0 €	0 €	0 €	0 €	0 €	0 €
50u	-300 €	200 €	200 €	200 €	200 €	200 €
100u	-600 €	-100 €	400 €	400 €	400 €	400 €
150u	-900 €	-400 €	100 €	600 €	600 €	600 €
200u	-1 200 €	-700 €	-200 €	300 €	800 €	800 €
250u	-1 500 €	-1 000 €	-500 €	0 €	500 €	1 000 €

239. Bonne réponse : d

M3 *Achats*		P de vente		Résultat probable
0u	X	18%	=	= 0€
50u		15%		= 110€
100u		16%		**= 145€**
150u		20%		= 100€
200u		26%		= -45€
250u		5%		= - 320€

La politique actuelle qui consiste à acheter 200 u qui correspond à la plus forte probabilité de ventes mène à une perte de -45 € alors qu'en achetant deux fois moins on gagne 145 €.

240. Bonne réponse : d

a. « Études et Recherches » établit les caractéristiques et spécificités des produits nouveaux (*target costing*) ou les modifications des produits anciens (*Kaïzen costing*) à partir des informations remontées du marché.

b. Le bureau des « Méthodes » va chercher à produire avec une performance multicritères : coût minimum, qualité totale, flexibilité permanente et délais abrégés.

c. « Ordonnancement – Lancement – Planning » traduit dans les faits le programme de production en fonction des moyens mis à disposition. Entretien préventif et curatif.

241. Bonne réponse : d

a. A1 : 5x + 3y = 90 → 3y = 90 – 5x → y1 = -5/3x + 30

b. A2 : 3x + 5y = 90 → 5y = 90 – 3x → y2 = -3/5x + 18

c. A3 : x + y = 20 → 1y = 20 – 1x → y2 = - x + 20

242. Bonne réponse : d

Si toutes les fonctions se coupaient en un seul point, et la sous activité serait nulle. Mais ce point est hors de la zone des productions possibles à cause de la contrainte que fait peser A3. Donc le triangle entre les 3 fonctions représente la sous-activité.

243. Bonne réponse : d

a. La droite de MSCV vaut au point zéro : 5x + 4y = 0 → y = -5/4x = 0 au point zéro.

b. On va donc soit tester le cas soit de la monoproduction (soit x, soit y) donc les points d'intersection en abscisse et ordonnée (18x et y = 0 ou 18y et x = 0).

c. Soit de conservation de la gamme en produisant x et y.

244. Bonne réponse : d

a. Pour A2 si x = 0 → y = 18. Pour A1 c'est l'inverse.

b. Pour le point d'intersection entre A2 et A3, on égalise les deux équations de droites et on trouve x = 5 et y = 15. Pour le point d'intersection entre A1 et A3 on égalise les deux équations des droites et on trouve x = 15 et y = 5.

c. Pour les coordonnées du point extrême du triangle, on égalise les deux droites A1 et A2 et on trouve x = y = 11,25.

245. Bonne réponse : d

a. Conservation des 2 produits → MSCV = 5 k€ x5 + 4 k€ x 15 = 85 k€ et 5 k€*15 + 4 k€ *5 = 95 k€

b. Abandon d'un des 2 produits → MSCV = 5 k€ x 0 + 4 k€ x 18 = 72 k€ et 5 k€ x18 + 4 k€ x 0 = 90 k€.

c. La marge = (11,25 x 5 k€) + (11,25 x 4 k€) = 11,25 x (5+4) = 101,25 k€ et le gain marginal = 101,25 k€ - 95 k€ = 6,25 k€.

246. Bonne réponse : d

a. L'ordonnancement organise toutes les tâches qui concourent, à la réalisation d'un projet.

b. C'est un séquencement temporel sous contraintes.

c. Le but est de retenir les tâches critiques (qui ne souffrent d'aucune marge totale) qui constituent le chemin critique.

247. Bonne réponse : c

a. La « date au plus tôt » est la date à laquelle une tâche peut commencer.

b. Une tâche ne peut pas débuter tant que les tâches précédentes ne sont pas toutes achevées.

c. du point de départ, la première tâche, vers la tâche « Fin » d'arrivée.

248. Bonne réponse : b

a. La « date au plus tard » est la date limite à laquelle une tâche peut s'achever sans retarder la suite des tâches.

b. L'achèvement à temps du projet, toutes tâches accomplie est une condition rédhibitoire.

c. La date de début « au plus tard » se détermine en partant de la fin du projet, donc de droite à gauche.

249. Bonne réponse : c

a. Est le plus long chemin en terme de durée entre la date de la 1re tâche et la date de fin du projet.

b. Sur ce plus long chemin, les tâches ont une date au plus tôt = date au plus tard.

c. Le chemin critique est celui où se situent toutes les tâches critiques donc à marge totale nulle.

250. Bonne réponse : d

DATES AU PLUS			DATES AU PLUS	
Tôt $\mathbf{t_A}$	Tard = $\mathbf{T_A}$	Durée de tâche **d** ⇨⇨⇨⇨⇨⇨⇨⇨	Tôt $\mathbf{t_B}$	Tard = $\mathbf{T_B}$
Tâche : A			Tâche : B	

Marge totale de A = $MT_A = T_A - t_A$ et Marge libre de A $ML_A = t_B - d_A - t_A$

En cas de convergence de tâches antérieures vers une tâche postérieure, il faut retenir absolument le plus long chemin.

En cas de convergence d'une tâche vers plusieurs autres, on retient le plus court chemin.

251. Bonne réponse : d

La marge libre ML d'une tâche en cas de divergence vers d'autres tâches est la plus petite marge.

a. MLA si B = 24 j – 2 j – 17 j = 5 j.

b. ML A si C = 21j – 2 j – 17 j = 2 j donc on choisi la plus courte donc C.

c. Oui, il suffit que T_A = 19 j → MT_A = 19 j – 17 j = 2 j.

252. Bonne réponse : d

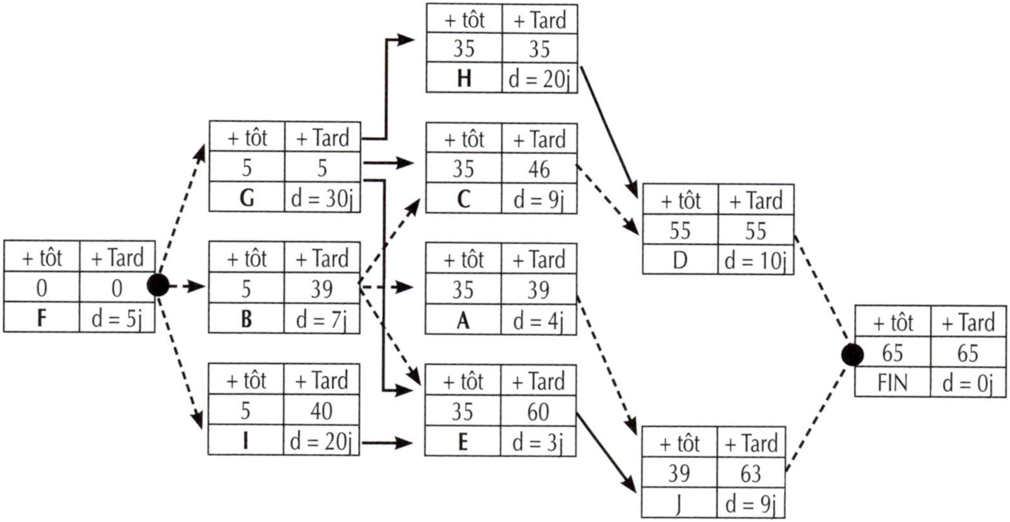

253. Bonne réponse : d

Il existe des logiciels, comme Microsoft Project, qui permettent en saisissant les données de proposer un graphe et son diagramme de Gantt.

254. Bonne réponse : d

Il suffit de comparer le réel et le prévu.

a. A = 3 j – 2 j = 1 j.

b. 10 j – 8 j = 2 j.

c. La tâche C ne peut débuter qu'avec 3 jours de retard. Mais C n'a plus que 5 j au lieu de 7 j.

255. Bonne réponse : d

F et G débuteront à ce rythme avec un décalage de 5 j mais uniquement si leurs durées sont respectées ; le projet sera achevé 30 j après son début.

256. Bonne réponse : d

Tâches	Réel à 20 j	Coût réel
A	au coût réel	58 k€
B	au coût réel	182 k€
C	au coût réel	26 k€
D	**(40/2)8**	160 k€
E	au coût réel	48 k€
F	au coût prévu	73 k€
G	au coût prévu	110 k€
Budget réestimé		**657 k€**

257. Bonne réponse : d

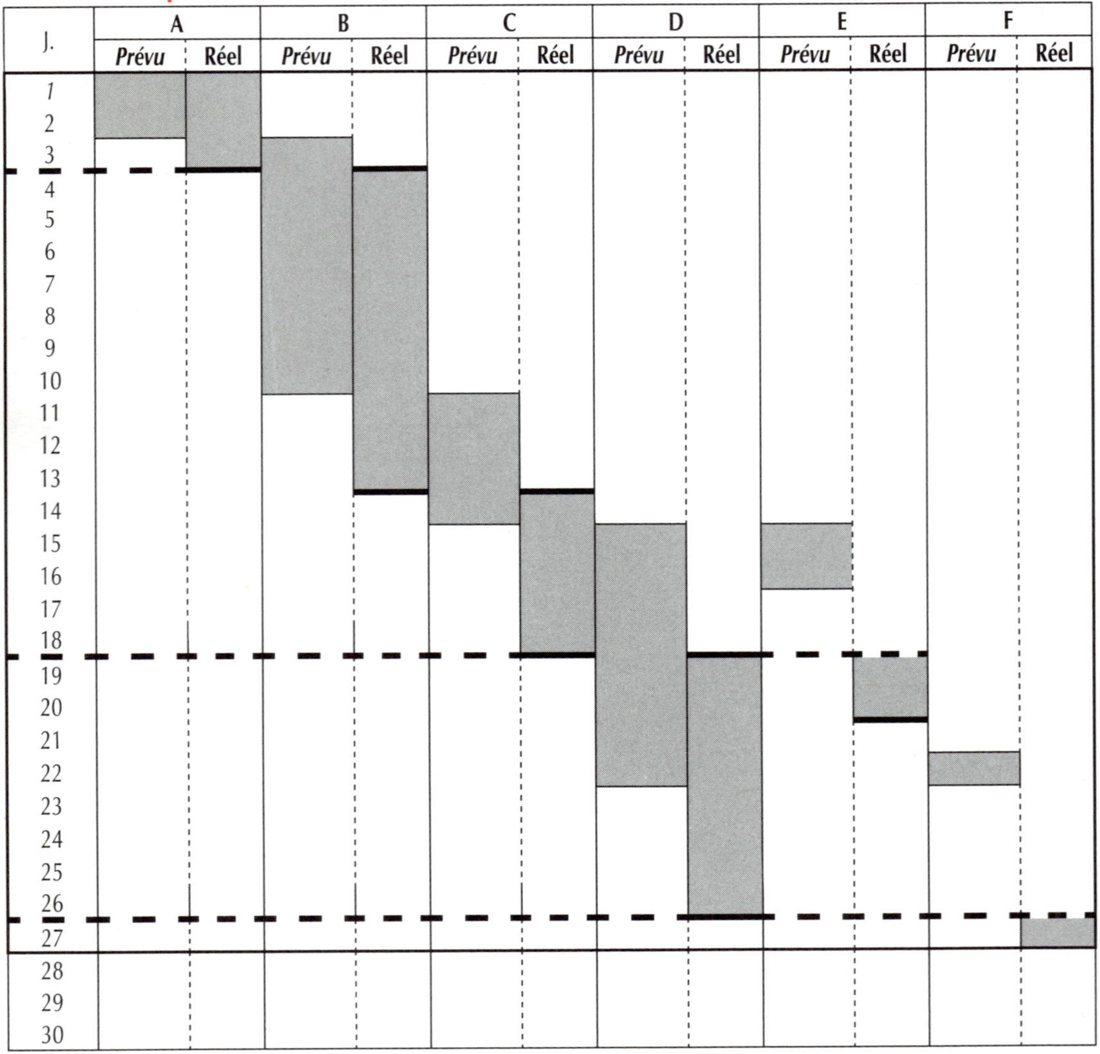

258. Bonne réponse : d

a. Bien qu'ils ne soient jamais renouvelés à l'identique, les investissements ne modifient pas la croissance ou la structure des comptes sociaux.

b. Ils permettent d'améliorer le potentiel humain, la qualité des produits et de la communication, de diminuer les coûts et les délais, et d'augmenter la compétitivité.

c. Ils opèrent des transformations profondes des états financiers et sont stratégiques de type diversification, intégration, croissance conglomérale, etc.

259. Bonne réponse : d

a. C'est ce qu'on appelle le coût d'achat et non le prix d'achat.

b. Le BFR est fortement corrélé avec la croissance de l'activité due à l'augmentation des stocks et des créances.

c. Il faut inclure dans le coût de l'investissement la valeur d'usage de l'immobilisation accaparée.

260. Bonne réponse : d

a. Ressources externes font bénéficier les entreprises : primes et subventions, avantages fiscaux qui allègent le poids financier, etc.

b. La durée de vie du bien est capitale. Les décisions qui sont à l'origine de l'investissement stratégique sont prises dans un environnement turbulent. Donc des réajustements doivent s'opérer très rapidement, c'est la réactivité.

c. Un investissement augment le besoin en fonds de roulement. Donc en fin de budget, on récupère le fonds de roulement.

261. Bonne réponse : d

a. Elle est essentielle pour calculer la VAN ou le TRI par les fonctions Excel(R) «VAN» et «TRI».

b. Elle laisse aux biens en fin d'amortissement encore quelques années d'utilisation.

c. Les biens sont souvent utilisés malgré leur fin de vie bilancielle (mais l'entreprise se doit de réinvestir pour des améliorations de productivité).

262. Bonne réponse : d

a. Et des progrès technologiques bien sûr.

b. On dit souvent que c'est le client qui définit les orientations stratégiques et politiques de l'entreprise.

c. Essentielle pour calculer la VAN ou le TRI et les autres critères sans actualisation.

263. Bonne réponse : d

a. Au compte de résultat, Σ Produits = Σ Charges. Donc : Produits encaissés et encaissables + Produits calculés = Charges encaissées et encaissables + Charges calculées. La CAF est mathématiquement calculable d'une manière ou de l'autre soit Produits encaissés et encaissables – Charges décaissées et décaissables.

b. Soit : Charges calculées – Produits calculés.

c. Le cash-flow est autre la trésorerie nette que dégagera un investissement pour l'autofinancer.

264. Bonne réponse : d

a. Il paraît très sommaire et toutefois employé, car il a l'avantage de la simplicité des données comptables.

b. Ce critère est utilisable dans les grandes entreprises découpées en centres de profits.

c. Cela permet de ne pas s'immiscer dans la gestion de chaque centre, mais de la déléguer complètement sous contrôle exclusif de la rentabilité moyenne.

265. Bonne réponse : d

a. Dans ces temps de crises, les opportunités risquent d'être, dans certaines régions, de courte durée et ce critère peut être largement demandé en appui.

b. C'est en fait un délai différent de celui nécessaire à la rentabilité financière et inférieur au délai de viabilité économique.

c. Entre un investissement sur 5ans qui récupère le capital après 3 ans, et un autre sur 10 ans qui récupère le capital après 5 ans, comment choisir entre 3/5 et 5/10.

266. Bonne réponse : d

a. On parle d'actualisation pour ramener les flux au jour où la décision d'investir est d'actualité.

b. On évoque la capitalisation pour tout ce qui concerne les épargnes (retraites, etc.) car le choix porte sur ce qui aura été capitalisé en fin de période.

c. À long terme, les calculs d'actualisation sur 10 ans et plus sont incertains, donc seule la nécessité prévaut dans le choix (usine, autoroutes, avions, etc.).

267. Bonne réponse : d

a. Cette différence positive ou négative s'appelle la VAN.

b. La lecture des tables financières facilite les calculs.

c. En cas de CF identiques tous les ans, la VAN du projet = $-I + Rn\ [\ 1 - (1+i)^{-n}]\ /i$

268. Bonne réponse : d

L'indice de rentabilité est un ratio avec actualisation qui sert à comparer des investissements de montants incomparables. On rapporte alors la VAN d'un investissement à son montant. On obtient alors un taux qui peut être comparé.

269. Bonne réponse : d

a. 36,4 k€ = 90 k€ x 0,91, etc.

b. Van P1 = 107,42 k€, etc. les VAN sont calculées avec la fonction Excel(R) «VAN»

c. IR de P1 = 107,42/1 000= 7,42 %

270. Bonne réponse : c

a. La problématique est similaire à celle de la VAN au détail près qu'il faut chercher le taux qui équilibre l'investissement et ses revenus actualisés.

b. Le taux est celui qui annule la VAN

c. La VAN décroît avec l'augmentation du taux « i ».

271. Bonne réponse : c

a. Faire les calculs à l'aide de la fonction Excel(R) «TRI».

b. Faire les calculs à l'aide de la fonction Excel(R) «TRI».

c. Faire une hypothèse de 10 %.

272. Bonne réponse : a

b. Critère de Laplace : on choisit l'investissement qui procurerait le revenu moyen le plus élevé parmi les revenus moyens des investissements.

c. Critère de Wald : on choisit l'investissement qui procurerait le revenu maximum parmi tous les pires revenus des investissements.

273. Bonne réponse : d

a. Critère de Hurwiecz : à l'opposé, on doit donner au revenu minimum la probabilité 1-a. Donc ça fait : a * Max + (1-a) *min.

b. Ce sont les manques à gagner, appelés Regrets, qui vont induire le choix. Pour chaque état de la conjoncture, on va choisir l'investissement qui procurera le plus faible des manques à gagner Maximum.

c. Critères quantitatifs mais lors de la décision d'investir ils n'entrent que pour un tiers. Le reste est composé de critères qualitatifs (salariés, image, stratégie, etc.).

274. Bonne réponse : d

a. Avec la fonction Excel «MOYENNE», on retient D1.

b. Avec la fonction Excel «MAX», on retient D.

c. Avec la fonction Excel «MIN», on retient D2.

275. Bonne réponse : d

a. Pour [O;D2], on se dit que comme la demande est Optimiste, je pourrais gagner 43 avec D1 ; mon regret en choisissant D2 est donc de la différence.

b. Pour [P;D1], on se dit que comme la demande est Pessimiste, je pourrais gagner 19 avec D2 ; en choisissant D1, je regrette donc la différence.

c. D1 est le minimum de ce que je pourrais regretter en prenant la mauvaise décision.

276. Bonne réponse : d

a. L'entreprise qui dégage un SPG positif (écarts en € constants) détient un indicateur de création de valeur plus pertinent que les résultats en € courants.

b. La répartition de ce SPG est bien en € courant et tout élément de la productivité globale qui est < 0 se rajoute à la répartition, et réciproquement.

c. L'équilibre entre SPG et sa répartition entre les facteurs de production n'est donc mathématiquement jamais déstabilisé.

277. Bonne réponse : d

a. Depuis le PCG 1982, les écarts sont analysés entre le Réel et le Prévu mais en passant par le budget Ajusté à la Production Réelle.

b. C'est évident pour les coûts directs, mais si les écarts sur coûts indirects présentent une démarche qui fait intervenir l'activité, elle est valorisée en quantité d'heures.

c. Il vaut mieux analyser un écart de 10 % d'un poste égal à 30 % du budget total qu'un écart de 50 % sur un poste égal à 1 % du budget.

278. Bonne réponse : d

Le standard type est calculé pour une utilisation optimale des moyens alloués en fonction des objectifs. Son inconvénient est de démotiver si on ne prend en compte que ce qui est prévisible. Pour le standard constaté, par la simplicité de son calcul, on peut prévoir le risque d'une intégration automatique des sous-activités et des suractivités de la période précédente, dans la norme de la période suivante. Le standard ajusté (budgets glissants) est bien adapté aux analyses budgétaires actuelles *(rolling forecast)*.

279. Bonne réponse : d

Trop rigides, cela donne des standards plus nostalgiques qu'objectifs. S'ils sont modifiés souvent, ils deviennent inopérants et démotivent autant les responsables que les opérationnels. S'ils sont aménagés, les standards seront alors atteints sans difficulté et si on les dépasse de trop, la direction passerait pour une dupe. Un standard parfait est celui qui peut être atteint par des gains de productivité.

280. Bonne réponse : d

a. Définition du PCG 1982.
b. Qui font suite à une analyse de l'objet et du travail nécessaire.
c. À la condition que les périodes antérieures préfigurent le futur ; il sert en général de norme.

281. Bonne réponse : b

Écart sur résultat = Écart sur produits – Écart sur coût = Écart sur chiffre d'affaires – Écart sur coût direct – Écart sur coût indirect.
a. Les coûts budgétés se composent uniquement de charges.
b. L'analyse des écarts sur coût direct ou sur produits est similaire.
c. Les marges sur coût variable budgétées s'analysent comme des produits.

282. Bonne réponse : d

a. Écart sur marge sur coût variable = écart sur marge unitaire + écart sur quantités
b. Écart sur coût direct = Écart sur coût unitaire + Écart t sur quantités
c. Écart sur coût indirect = Écart sur Budget + Écart sur Activité + Écart sur Rendement

283. Bonne réponse : c

Comme on calcule des coûts et que tous les coûts sont de signe positif, un écart de signe positif est un assimilé à un coût ajouté et donc défavorable.
a. Favorables si le résultat trouvé est négatif.
b. Peuvent être > 0 ou < 0 et dans un cas ils sont défavorables, dans l'autre favorables.
c. Non significatifs si le résultat trouvé est nul mais cela peut être inquiétant de retomber sur la prévision (c'est le cas des budgets glissants).

284. Bonne réponse : a

a. Comme on calcule des produits, un écart sur produit de signe positif est comme un coût négatif, donc favorable.
b. Ils peuvent être > 0 ou < 0 et dans un cas ils sont favorables, dans l'autre ils sont défavorables.
c. Ils sont défavorables si l'écart de marge est négatif.

285. Bonne réponse : c

Les écarts sur prix restent identiques dans toutes les analyses sur coût direct mais à l'écart sur quantité on ajoute un écart sur volume d'activité = $\Delta Q * P_P = (Q_A - Q_P)P_P$ L'écart sur volume d'activité est un écart quantitatif sur prévision de production.
a. Écart sur quantité consommée calculée en fonction du prix prévu = $\Delta Q * Pp = (Q_R - Q_A)\ Pp$
b. Écart sur prix calculé en fonction des quantités prévues = $\Delta P * Q_R$ avec $\Delta P = P_R - Pp$
c. Ecart sur volume d'activité : est apparu dans le PCG 1982.

286. Bonne réponse : d

Lorsque les produits sont liés dans un projet, les écarts sur quantités sont dissociés en écarts sur quantités élémentaires (Mix variance) et un écart sur productivité du projet (Yield variance).

287. Bonne réponse : d

Avec le Prix moyen prévu P_{MP} = 574 563 €/11 970 hp = 48 €/h

a. Écarts/taux = ($taux_R$ - $taux_P$) $Temps_R$ = - 6800€, soit :

P1 : 29 € - 28 € x 10 000 h P1= 10 000 €

P2 : 37 € -35 € x 1 400 h P2 = 2 800 €

P3 : 98 € -105 € x 2 800h P3 = - 19 600 €

b. Écarts sur Temps = (Temps R - Temps Ajusté à la production réelle) * (Taux p - Pmp)

P1 : (10 000 h_R P1 – 8 547 h_A) * (28 € – 48 €) = - 29 057 €

P2 : (1 400 h_R. P2 – 1 320 h_A) * (35 € – 48 €) = - 1 040 €

P3 : (2 800 h_R. P3 – 3 300 h_A) * (105 € – 48 €) = - 28 500 €

Total : (14 200 h_R – 13 167 h_A) 48 € = -58 597 €

c. Écart de productivité partielle = (Σ Temps R - Σ temps st.) x Pmp

= (14 200 h_R – 13 167 h_A) x 48 € **= 49 577 €**

288. Bonne réponse : c

a. L'écart sur temps de P1 est favorable car on a mis plus de temps que prévu mais avec des éléments payés moins cher que le taux moyen.

b. L'écart sur temps de P3 est favorable car on a mis moins de temps que prévu mais pour des éléments payés plus cher que le taux moyen.

c. L'écart de productivité du projet est défavorable car au taux moyen prévu du projet on a mis plus de temps à le réaliser que prévu.

289. Bonne réponse : d

a. Les écarts sur prix ou taux sont identiques (P_R – P_P) Q_R

b. Mais les écarts sur quantités ou temps = (T_R - T_A) T_P

P1 : (10 000 h_R. P1 – 8 547 h_A)*28 € = 40 684 €

P2 : (1 400 h_R. P2 – 1 320 h_A) * 35 € = 2 800 €

P3 : (2 800 h_R. P3 – 3 300 h_A)* 105 € = -52 500 €

Total = **- 9 016 €**

290. Bonne réponse : a

C'est un écart sur prévision de production. Seule la différence de production entre la production prévue et la production réalisée explique cet écart. On pourrait dire que cet écart n'est pas budgétaire mais relève souvent de considérations conjoncturelles, environnementales, de variables exogènes qui ont modifié la demande.

a. Il a été calculé dans le PCG 1982 et plus repris depuis.

b. Il est calculé ainsi : (Q_A – Q_P)P_P

c. Il est égal dans l'exemple précédent, à : + 14 200 € – 11 970 € * 48,0 € = 107 040 €

291. Bonne réponse : a

	Budget flexible, (pour A_R) BAR	**Budget imputé à : activité réelle BIA**	**Budget imputé à : production réelle BIP**
Production			2 200 u.
Activité	8 910 h.	8 910 h.	8 800 h.
Ct variable	445 500 €	445 500 €	440 000 €
Ct fixe	320 000 €	356400 h.	352 000 u.
Ct total	**765 500 €**	**801 900 €**	**792 000 €**

a. L'écart sur budget B_R - B_{AR} → 819 720 € – 765 500 € = 54 220 €

b. L'écart sur activité B_{AR} - B_{IA} → 765 500 € – 801 900 € = –36 400 €

c. L'écart sur rendement B_{IA} - B_R → 801 900 € – 792 000 € = 9 900 €

292. Bonne réponse : d

a. Budget normalement prévu : 720 000 € / 8 000 h = 90 €/h
b. Budget flexible : les charges fixes restent fixes, donc : y = 50 x + 320 000
c. Budget imputé rationnellement à la production : 792 000 € / 8 800 h = 90 €/h
C'est évident puisque l'imputation rationnelle a pour but de rendre variables les charges fixes ; le coût unitaire total devient donc fixe.

293. Bonne réponse : d

On admet que le taux d'activité s'exprime par A_R/A_N et le taux de rendement par P_R/P_N

294. Bonne réponse : d

Suivre les démonstrations de la question.

295. Bonne réponse : d

	Partie variable	Partie fixe
$B_R = V_R + F_R$		
	$V_R - V_N (t_A)$	$F_R - F_N$
$BAR = V_N (A_R/A_N) + F_N$		
		$F_N (1 - t_A)$
$BIA = V_N (A_R/A_N) + F_N (A_R/A_N)$		
	$V_N (t_A - t_R)$	$F_N (t_A - t_R)$
$BIP = V_N (P_R/P_N) + F_N (P_R/P_N)$		
Imputable au :	**Coût variable**	**Coût fixe**

Donc, pour que tous ces écarts soient favorables, il suffit que $t_R > t_A > 100$ %

296. Bonne réponse : d

a. Les en-cours initiaux pour la matière ont été de : 300 enc. i. x 100 % = 300 PE
b. PE pour les matières s'est montée à : 4 500 P + 200 encours finaux - 300 PE = 4 400 PE
c. PE pour les charges indirectes d'atelier = 4 500P - (300 enc. i. x 80 %) + (200 enc. f. x 60 %) = 4 380PE

297. Bonne réponse : c

	Coût de la production **réelle**			Coût **prévu** pour		**5000 u.**	
Charges	Quantité	Coût	Montant	Quantités	Coût	Montant	Écarts totaux
Matières	15000kg	4,73 €	71 000 €	15000kg	6,00 €	90 000 €	-19 000 € Fa
Indirectes	1000 h.	95,00 €	95 000 €	1250 h.	70 €	87 500 €	7 500 € Def
Coût total			166 000 €			177 500 €	-11 500 € Fa

a. Coût de production prévue. = 166 000 €.
b Coût de la production réelle = 177 500 €.
c. Différence budgétaire sur charges indirectes = 7 500 € Favorable

298. Bonne réponse : a

a. Écart sur prix matière : 4,73 € – 6,00 € x 15 000 kg = – 19 000 €.
b. Écart sur quantité de matière : 15 000 kg – (13 200 kg x 6,00 €) = 10 800 €.
c. Quantité ajustée à la PE : 15 000 kg / 5 000 u. x 4 400 PE = 13 200 kg

299. Bonne réponse : a

	Prévu	Réel	Budget flexible, (activité réelle)	Budget imputé à l'activité réelle	Budget imputé à la production réelle
Production	5 000 u.	4 380 u.			4 380 u.
Activité	1 250 h.	1 000 h.	1 000 h.	1 000 h.	1 095 h.
Coût variable	62 500 €		50 000 €	50 000 €	54 750 €
Coût fixe	25 000 €		25 000 €	20 000 h.	21 900 u.
Coût total	**87 500 €**	**95 000 €**	**75 000 €**	**70 000 €**	**76 650 €**

a. Écart sur budget : 95 000 € – 75 000 € = 20 000 €.
b. Écart sur activité : 75 000 € – 70 000 € = 5 000 €.
c. Écart sur rendement : 70 000 € – 76 650 € = –6 650 €.

300. Bonne réponse : a

Résultat (R) = Chiffre d'affaires (C_A) – Coût de revient (C_R)
R = C_A – Charges directes – Charges indirectes = C_A – Charges variables – Charges fixes (F)
R = Marge sur coûts variables (MSCV) – F = MSCV – Charges fixes directes – Charges fixes indirectes (Fi)
R = Marges contributives – Fi
Il suffit de calculer l'écart de chaque élément et l'équation se vérifie. Par exemple :
Écart sur CA – Ecart sur charges directes – Ecart sur charges indirectes
b. MSCV - Ecart sur F
c. Marge sur coût direct et écart sur Fi

301. Bonne réponse : b

a. Ecart favorable sur chiffre d'affaires : 3 600 € – 1 000 € = 2 600 €
b. Ecart favorable sur quantités vendues : (400 kg – 100 kg) x 10 € = 3 000 €
c. Ecart défavorable sur prix de vente : (9 € – 10 €) x 400 kg = – 400 €
Cette analyse reste sommaire. L'analyse des marges est plus pertinente.

302. Bonne réponse : d

a. Exemples de contraintes du marché du travail : difficultés de recrutement de certaines compétences.
b. Dispositions conventionnelles rendent automatiques les niveaux d'emplois et les promotions en fonction des diplômes, des compétences, etc.

c. Dispositions légales comme le Smic, la réduction du temps de travail (35 heures), le travail des femmes (enceintes, congés de maternité, etc.).

303. Bonne réponse : c

a. Sans réduction de l'éventail des rémunérations, c'est une augmentation hiérarchisée qui respecte donc l'éventail des rémunérations. Exemple : augmentation générale de 5 %.

b. Avec réduction de l'éventail des rémunérations, c'est une augmentation non hiérarchisée ; par exemple : augmentation générale de 60 €.

c. Augmentation de 5 % avec minimum de 60 € et maximum de 100 €.

304. Bonne réponse : a

a. S'il est donné une augmentation de 100 € à tout le monde, c'est une augmentation non hiérarchisée (qui ne conserve pas l'éventail, la hiérarchie) : 5 000 € +100 € / 1 000 €+100 € = 4,64 au lieu de 5 000 € / 1 000 € = 5 auparavant. Mais s'il est donné 5 % à tous, on obtient : 5 000 €*(1+5 %) / 1 000*(1 + 5 %) = 5 comme auparavant.

b. S'il est donné une augmentation de 100 € à tout le monde, c'est une augmentation non hiérarchisée.

c. S'il est donné une augmentation de 5 % à tout le monde, c'est une augmentation hiérarchisée.

305. Bonne réponse : d

5 000 € * 1,05 / 1 000 € + 150 € = 5 250 € / 1 100 € = 4,77. Et 5 000 € + 150 € / 1 000 € * 1,08 = 5 150 € / 1 080 € = 4,77. Mais dans la première proposition à 5 % d'augmentation, les uns toucheront 5 250 € et les autres 1 100 € ; elle sera donc préférée.

306. Bonne réponse : d

a. Le niveau est constaté entre deux points, deux dates.

b. (1 490 € – 1 428 €) / 1 428 € = 4,34

c. (156 000 € – 142 900 €) / 142 900 € = 9,17 % et (156 000€/105) / (142 800€/100) = 3,97 %

307. Bonne réponse : d

a. C'est l'effet masse qui s'étale sur deux périodes et non le niveau qui s'apprécie sur deux dates.

b. 1 400*12 – 1 350*12 / 1 350*12 = 3,7 %

c. Effet niveau = (1 400 + 60) / 1 350 = 8,15 %. Effet masse = (1 400*11m) + (1 400 + 60) / (1 350 * 12) = 4,07 %

308. Bonne réponse : d

a. Définition exacte.

b. 102 %*1,025 %*1,0176 % = 6,39 %.

c. 2 % (11m / 12m) + 2,5 % (6m / 12m) + 1,76 % (3m / 12m) = 3,52 % d 'effet de masse, donc effet report = 1,0639/1,0352 = 1+ 2,77 %. Donc, sans accorder d'augmentation en N+1, les salaires de N+1 sont augmentés de 2,77 %.

309. Bonne réponse : c

a. C'est une diminution du BRH, avec effectif constant (4 personnes) et augmentation des salaires.

b. Les contrats jeunes, RSA, aides à l'embauche, etc. quel que soit leur *relooking* ont des effets noria.

c. Le budget des ressources humaines a diminué de – 4,53 % à effectif constant et tous les salariés ont été augmentés.

Effectif	Techniciens	T1	T2	T2	Cadre X	Cadre Y	Budget
4	Salaires N-1	1 200 €	1 300 €	1 400 €	2 500 €		6 400 €
4	Salaires N	1 270 €	1 370 €	1 470 €		2 000 €	**6 110 €**
	Augmentation	5,83 %	5,38 %	5,00 %			-4,53 %

310. Bonne réponse : a

a. C'est la variation du BRH entraîné par la variation du nombre des salariés : on peut accorder des augmentations de salaires à BRH constant en mettant en pré-retraite.

b. C'est l'évolution du BRH entraîné par les différences de population dans les différentes catégories (noria et effectifs compensent souvent l'effet de structure).

c. L'augmentation du budget est de : (982 800 – 764 700) / 764 700 = 1,88 car 2 ingénieurs sont passés cadres et 22 techniciens sont devenus ingénieurs maison.

311. Bonne réponse : d

Afin d'assurer son développement dans un marché concurrentiel, l'entreprise doit satisfaire l'ensemble des parties prenantes (fournisseurs, salariés, actionnaires, banquiers entre autres). Le management par la qualité totale engendre des activités d'amélioration continue des processus afin d'augmenter la performance globale et satisfaire le client au moindre coût.

312. Bonne réponse : d

a. Pour 2 000 u, il faut livrer 2 000 u/(1-5%) = 2 105 u et il y aura 105 retours. Donc pour livrer 2 105 u, il faut fabriquer 2 105 u/ (1-15 %) = 2 477 u.

b. Coût de la disqualité = coût des rebuts (2 477 u – 2 000 u) 4 € = 1 908 € + coût de réexpédition 105 u x 1,2 € = 126 € → 2 034 €.

c. Ce coût de dysfonctionnement est un coût caché qui augmente le coût de revient.

313. Bonne réponse : d

a. L'organisation doit s'assurer que ses objectifs sont en adéquation avec les besoins du client.

b. Pour son leadership, il faut considérer les besoins des parties prenantes.

c. L'implication de tout le personnel est une ressource essentielle.

314. Bonne réponse : d

a. Dans l'approche par les processus, l'objectif est d'identifier les activités et les ressources nécessaires pour aboutir à un résultat.

b. Pour le management systémique, il faut structurer et documenter les actions contribuant aux finalités de l'entreprise.

C L'améliorations continues permet d'être plus efficace et efficient. Elle sert à contrôler les processus, et à les améliorations.

315. Bonne réponse : d

a. Dans l'approche factuelle, il faut prendre des décisions sur la base d'analyse des informations, confirmée par l'expérience.

b. Les rapports entre l'organisation et ses fournisseurs doivent être interdépendants.

c. La norme 9004 fait toujours référence.

316. Bonne réponse : d

a. L'interaction est l'ensemble des réactions

réciproques entre les phénomènes, qui renvoie à la causalité. Un système est un ensemble d'éléments en interaction et qui tend vers un but.
b. Il est supérieur à la somme des parties qui le composent : notion de globalité (synergie). Et non de totalité.
c. La complexité d'un système est composée de trois facteurs : l'incertitude de l'environnement, le degré d'élévation de l'organisation et la difficulté d'identification de l'ensemble des éléments et de la compréhension des interrelations.

317. Bonne réponse : d

« L'approche systémique... regroupe les démarches théoriques, pratiques et méthodologiques, relatives à l'étude de ce qui est trop complexe pour pouvoir être abordé de façon réductionniste, et qui pose des problèmes de frontières, de relations internes et externes, de structures, de lois ou de propriétés émergentes caractérisant le système comme tel, ou des problèmes de mode d'observation, de représentation, de modélisation ou de simulation d'une totalité complexe » (AFSCET).

318. Bonne réponse : d

a. La connaissance peut s'obtenir par la réfutation d'hypothèses.
b. Elle vise à la connaissance des détails. La diversité et la complexité peuvent se réduire par des expériences dont les résultats seront validés.
c. Elle isole les facteurs pour mieux agir sur eux.

319. Bonne réponse : d

Pour apprécier l'importance des dysfonctionnements, plusieurs méthodes ont été développées dans le cadre de cette démarche d'amélioration continue.
a. *Seiri* , *Seiton* , *Seiso*, *Seiketsu* , *Shitsuke*.
b. *Single Minute Exchange of Die* = toute modification d'outil (*Exchange of Die*) doit se faire dans un délai minuté en chiffre (*single*) et pas en nombre (≥ 10).
c. Qualité totale de l'organisation (*Total Productive Management)* → zéro défaut.

320. Bonne réponse : d

a. *Seiri* : se débarrasser de l'inutile pour la propreté et l'efficacité au travail. Le diagramme de Pareto met en évidence la fréquence d'utilisation d'un bien et détermine ce qui est à supprimer.
b. *Seiton* : bien ranger les objets pour les retrouver au besoin. Ceci permet d'assurer une efficacité maximale de l'organisation et une augmentation de la productivité par élimination du temps perdu.
c. *Seiso* : détecter rapidement les anomalies pour éviter les dysfonctionnements et pannes.

321. Bonne réponse : d

a. *Seiketsu* définit la façon de maintenir le *Seiri*.
b. *Seiton* et *Seiso* pour éviter tout « laisser-aller ».
c. Le *Shitsuke* permet de suivre et de faire évoluer tous les « S » pour repousser leurs limites.

322. Bonne réponse : d

a. *Single Minute Exchange of Die* (changement d'outil en moins de dix minutes) mise au point chez Toyota.

b. Le temps de changement est la durée qui s'écoule entre la dernière pièce bonne de la série précédente et la première pièce bonne de la série suivante.
c. Pour proposer des solutions et les déplacer, réduire leur temps d'exécution, voire les supprimer.

323. Bonne réponse : d
a. Deming a montré comment utiliser l'analyse statistique dans la fabrication et exploiter les résultats pour une qualité totale. Les techniques de maintenance préventive ont donné naissance à la TPM en deux phases.
b. L'analyse du processus productif.
c. L'amélioration du processus productif.

324. Bonne réponse : d
a. Le manque de fiabilité des équipements : pannes, rebuts, retouches, arrêts programmés, pertes aux démarrages, etc.
b. Les carences de l'organisation : organisation des postes, excès de mesures, temps des changements, déplacements et manutentions, etc.
c. Les méthodes et procédés utilisés : rendement énergétique et des matériaux, les surconsommations, sous utilisation des outils et accessoires, etc.

325. Bonne réponse : d
Il faut une participation du personnel de production :
a. pour atteindre l'objectif de zéro perte, (le TPM est agencé en cinq principes) ;
b. principe 1 : fonctionnement optimum des équipements ;
c. principe 2: aucune perte de temps dans le démarrage des nouveaux produits, nouveaux équipements.

326. Bonne réponse : d
La méthode associe deux éléments à la mobilisation du personnel :
a. principe 3 : autocontrôle par le personnel du fonctionnement des équipements ;
b. principe 4 : les 5M = Matières, Machines, Milieu, Main-d'œuvre, Méthodes (*cf.* Ishikawa) ;
c. principe 5 : et le respect des environnements interne et externe.

327. Bonne réponse : d
a. Cette méthode effectue de petites améliorations en supprimant : les mouvements inutiles, l'inactivité lors de changements de série, des outils ou des pannes d'équipement voire des mauvaises livraisons.
b. Le Kaizen regroupe généralement les « 5 S », SMED et TPM car ces méthodes signifient des améliorations continues et baissent le coût de revient en éliminant les non valeurs.
c. *Muda* (surproduction) est un gaspillage par stockage inutile.

328. Bonne réponse : d
a. Le Poka Yoké est un anti-erreur par des dispositifs au sein des postes de travail.
b. Il lutte contre la fatigue physique, la lassitude, le manque d'implication, etc.
c. Il veut : réduire drastiquement les coûts des produits défectueux et contrôler à tout niveau du processus pour produire plus sûre sans contrôles finals.

329. Bonne réponse : d
L'amélioration continue est au cœur des méthodes de la qualité totale. Le TQM fait référence au « zéro défaut », développé par le Poka Yoké, et à l'élimination des gaspillages, objectif principal du Kaizen.

330. Bonne réponse : d
La méthode des « 5 S » apporte confiance aux clients par une efficacité optimale des processus de production.

331. Bonne réponse : d
La méthode **6**σ (avec σ = écart type) → 3,4 défauts par million d'unité. Avec 2 σ = 308.5 de défauts/million, 3 σ = 667, 4 **;** σ = 6210 ; **5** σ = 233. La méthode **6**σ assure une qualité de 99,99966 % Les écarts sont une explication des surcoûts et des pertes de productivité. Il faut donc fixer une moyenne à atteindre et l'obtenir à 99,99966 %.

332. Bonne réponse : d
Il faut identifier et préciser les besoins du client et se poser les questions nécessaires pour atteindre le niveau le haut possible. L'étude de la performance du processus doit être réalisée en fonction des exigences du client.

333. Bonne réponse : d
Analyser les opportunités d'innovations permet de déterminer les problèmes et concentrer les efforts sur les causes néfastes. Innover pour améliorer la performance a, dans son plan, des vérifications sur l'avancement des solutions. Contrôler permet de suivre les solutions mises en place et d'éviter tout retour négatif dans le processus.

334. Bonne réponse : a
Plan sert à mettre en place l'enchaînement des opérations. Les prévisions concernent donc le projet dans son ensemble (les procédures, les plans, les consignes). *Do* pour réaliser les opérations préparées dans le plan de la phase précédente.
b. *Plan*, c'est-à-dire « Prévoir » ou « dire ce que l'on va faire ».
c. *Do*, c'est-à-dire « agir » ou « faire ce qu'on a dit ».

335. Bonne réponse : a
a. *Check*, c'est-à-dire « vérifier » ou « prouver ce qui a été fait ». *Check*, pour contrôler ce qui a été accompli. On compare réalisations et prévisions et on cherche les améliorations possibles, en fonction des résultats obtenus.
b. *Act*, c'est-à-dire « réagir » pour corriger les écarts et améliorer le système.
c. La roue montre que le cycle est lié, continu et sans rupture de phase.

336. Bonne réponse : b
Cet outil est un moyen efficace pour analyser les paramètres susceptibles d'être à l'origine de certains coûts.
a. Appelé aussi diagramme en arêtes de poisson ou méthode des 5 M.
b. Milieu = dans quel environnement le processus se déroule-t-il ?
c. Méthode : comment est arrivé ce problème : projet, encadrement…

337. Bonne réponse : c
Éléments à prendre en compte : structure de l'organisation (grande entreprise, PME, etc.),

investissement humain (formation des salariés, etc.), secteur d'activité (industriel, services), nature des clients (Administration, PME, etc.), stratégie de l'entreprise (démarches, outils).

a. Matière : « de quoi parle-t-on, de quelle matière ? ».

c. Main-d'œuvre ou « quels sont les niveaux formation, qualification, expérience… ? ».

338. Bonne réponse : a

a. Permet de déterminer la causalité d'un problème à résoudre en se posant toujours la question : « pourquoi ? ».

b. Les causes sont placées horizontalement et de manière axiale.

c. Des flèches sont ajoutées selon l'approfondissement de la réflexion.

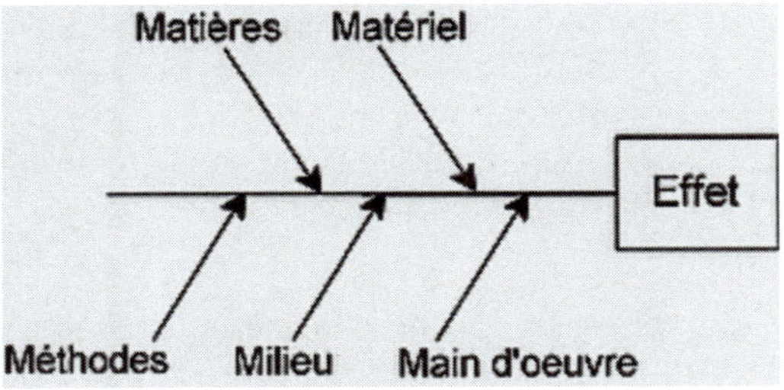

339. Bonne réponse : d

L'importance des cercles de qualité s'est réduite fortement à cause du manque de solidarité de la structure car ils n'ont jamais eu le pouvoir de décision.

4
Les réponses du contrôle de gestion à des contextes non stabilisés

Explications, p. 142

4.1 Les processus opérationnels dans des configurations organisationnelles nouvelles

Cf. 3.1, page 40.

4.2 L'amélioration continue du rapport coût/valeur

340 L'analyse de la valeur :

- ❑ a. est une méthode visant la satisfaction de l'utilisateur par une démarche de conception : fonctionnelle, économique et pluridisciplinaire
- ❑ b. permet d'éliminer les fonctions inutiles
- ❑ c. permet des réductions de coûts et une augmentation des méthodes de production
- ❑ d. les trois réponses sont exactes

341 Le coût cible. Définition :

- ❑ a. est un mode d'organisation qui s'applique à tout le cycle de vie du produit
- ❑ b. cherche à faire correspondre la valeur perçue et la valeur produite
- ❑ c. est égal à : Prix de vente – Profit cible
- ❑ d. les trois réponses sont exactes

342 Le coût cible. Composition :

- ❑ a. toutes les fonctions remplies par le produit, et leur valeur pondérée par l'appréciation du client
- ❑ b. l'analyse des correspondances entre les composants du produit et les fonctions qu'il assure
- ❑ c. un « coût cible » pour chaque composant du produit
- ❑ d. les trois réponses sont exactes

343 Le coût cible. Évaluation du coût estimé :

- ❑ a. l'entreprise doit estimer le coût des produits qu'elle fabrique durant tout le cycle de vie des produits
- ❑ b. les méthodes paramétriques sont basées sur l'analyse des corrélations entre coûts et paramètres du produit et permettent des relations de type : $Y = f(x)$
- ❑ c. les méthodes analogiques sont de type analyse des équivalents
- ❑ d. les trois réponses sont exactes

344 Le coût cible. L'optimum :

- ❑ a. le but est de rapprocher le coût de la valeur perçue de chaque composant des produits
- ❑ b. entre « le coût cible et le coût estimé », le produit est conçu avec les efforts pour ajuster les coûts à leurs valeurs pour les clients
- ❑ c. entre le coût « réalisé et estimé », le coût de production est maintenu le plus proche des coûts cibles
- ❑ d. les trois réponses sont exactes

4.3 Le pilotage de l'organisation en temps réel

345 Les tableaux de bord. Définitions pour :

- ❑ a. l'Afnor : c'est un « *outil de pilotage et d'aide à la décision regroupant une sélection d'indicateurs* »
- ❑ b. P. Iribarne : « *Il constitue un véritable système, car les indicateurs s'influencent les uns, les autres et que la compréhension du tout est supérieure à la somme des compréhensions de chacun d'entre eux* »
- ❑ c. G. Balantzian : c'est un « *outil d'agrégation et de synthèse permettant de comprendre et de suivre le comportement de l'entreprise* »
- ❑ d. les trois réponses sont exactes

346 Les tableaux de bord. Définitions pour :

- ❑ a. H. Bouquin : c'est un « *outil d'aide à la décision et à la prévision, un ensemble d'indicateurs peu nombreux (5 à 10) conçus pour permettre aux gestionnaires de prendre connaissance de l'état et de l'évolution des systèmes qu'ils pilotent et d'identifier les tendances qui les influenceront sur un horizon cohérent avec la nature de leurs fonctions* »
- ❑ b. H. Saval et V. Zardet : c'est « *un ensemble matérialisé d'indicateurs de synthèse construit à partir d'informations sélectionnées : il contient simultanément des indicateurs pour surveiller les objectifs et les actions stratégiques, ainsi que des indicateurs de gestion des activités courantes* »
- ❑ c. C. Selmer : il « *sert à suivre, voire à anticiper des actions. Il fournit un langage commun au travers du suivi d'un nombre d'indicateurs limités et parfaitement normés* »
- ❑ d. les trois réponses sont exactes

347 Les tableaux de bord. Leur élaboration doit se faire à partir des questions suivantes :

- ❑ a. pour qui ? = spécifier pour quels niveaux hiérarchiques
- ❑ b. pour quoi ? = spécifier les objets contrôlés
- ❑ c. où le placer ? = spécifier dans quelle unité, quel service, au sein de quel processus
- ❑ d. les trois réponses sont exactes

348 Les tableaux de bord. Leur élaboration doit se faire à partir des questions suivantes :

- ❑ a. quand l'établir et le mettre à jour ? = spécifier la nature des données
- ❑ b. comment l'établir ? = ignorer son degré de réactivité
- ❑ c. pourquoi un tableau de bord ? = spécifier la finalité du tableau de bord
- ❑ d. les trois réponses sont exactes

349 Les tableaux de bord. Le tableau de bord financier :

- ❑ a. délivre une information très rapide issue du reporting comptable
- ❑ b. est très utile pour le pilotage opérationnel
- ❑ c. permet uniquement la remontée d'indicateurs standardisés au niveau supérieur
- ❑ d. les trois réponses sont exactes

350 Les tableaux de bord. Le tableau de bord de suivi des coûts :

- ❑ a. il s'agit des coûts quantifiés
- ❑ b. les coûts ne sont justifiés que par des produits profitables
- ❑ c. les coûts des éléments immatériels ne sont pas mesurés aisément
- ❑ d. les trois réponses sont exactes

351 Les tableaux de bord. Le tableau de bord ne doit pas être un simple outil :

- ❑ a. de contrôle
- ❑ b. d'animation de réunion
- ❑ c. de constat
- ❑ d. les trois réponses sont inexactes

352 Les tableaux de bord. Comparaison entre reporting et tableau de bord :

	Reporting	Tableau de bord
a.	outil de contrôle	outil de pilotage
b.	destiné à la hiérarchie	destiné aux opérationnels
c.	données financières	données opérationnelles
d.	les trois réponses sont exactes	

353 Les tableaux de bord. Leur objectif :

- ❑ a. est une tâche à accomplir et non un but à atteindre
- ❑ b. est le résultat d'une volonté que le responsable peut être incapable d'atteindre
- ❑ c. se définit par le résultat à atteindre, les conditions d'obtention de la performance et le niveau jugé acceptable de cette performance
- ❑ d. les trois réponses sont exactes

354 Les tableaux de bord. Un objectif :

- ❑ a. illustrent de manière quantifiée la réalisation de la politique
- ❑ b. concentrent l'attention, il faut donc au maximum de 6 objectifs
- ❑ c. permettent de comparer les résultats atteints et prévus puis d'initier les actions correctives
- ❑ d. les trois réponses sont exactes

355 Les tableaux de bord. Un objectif :

- ❑ a. s'expriment clairement pour que chacun sache ce qu'on attend de lui
- ❑ b. peuvent mesurer beaucoup de choses importantes en même temps
- ❑ c. quantitatifs, ils décrivent un résultat observable ; qualitatifs, ils décrivent un résultat mesurable
- ❑ d. les trois réponses sont exactes

356 Les tableaux de bord. Leur questionnement :

- ❑ a. quoi mesurer ? L'indicateur doit avoir une réelle utilité
- ❑ b. avec quelle réactivité ? Il doit être fidèle et sensible, donc à même action, même réaction
- ❑ c. avec quelle fréquence ? La fréquence augmente au fur et à mesure qu'on se rapproche des opérationnels
- ❑ d. les trois réponses sont exactes

357 Les tableaux de bord. Leur système d'indicateurs doit être :

- ❑ a. exhaustif
- ❑ b. cohérent
- ❑ c. synthétique
- ❑ d. les trois réponses sont exactes

358 Les tableaux de bord. Leurs limites :

- ❑ a. ils s'inscrivent dans une perspective alvéolaire (des *Business units*) contrairement à la recherche de transversalité de la chaîne de valeur
- ❑ b. ils sont souvent « gravés dans le marbre » durant de nombreuses années sans flexibilité ni évolution significative
- ❑ c. ils servent souvent de contrôle et non d'incitation ou de motivation
- ❑ d. les trois réponses sont exactes

Explication des réponses

340. Bonne réponse : d

a. Définition de l'Afnor.

b. Les fonctions inutiles ont un coût qui fait partie des coûts cachés, donc à révéler et à éradiquer.

c. Une plus grande sensibilisation au rapport coût / bénéfice, une amélioration de la communication pour une meilleure organisation, un engouement pour l'innovation.

341. Bonne réponse : d

a. Par le kaizen costing on surveille un produit durant tout le temps de la conception jusqu'à ce qu'il soit retiré du marché.

b. Un produit n'est acheté que s'il correspond au besoin d'estime, à la valeur qui est contenue, à ce que perçoit le consommateur et non à la somme des coûts engagés pour le fabriquer.

c. Comme le prix de vente est donné par la concurrence et que le profit est égal au taux de rentabilité attendu par les propriétaires, la seule valeur cible est alors le coût qui permettrait de satisfaire le marché et les propriétaires.

342. Bonne réponse : d

a. Ce n'est pas parce qu'un produit est constitué de composants de qualité, que la valeur attribuée par le consommateur à chacun d'eux correspond à leurs coûts.

b. Tout composant assure une fonction mais son utilité peut être remise en cause si elle n'est pas jugée comme telle par le client.

c. Un coût doit être justifié par la génération d'un produit de valeur supérieure. Le coût est donc ciblé à l'appréciation de sa valeur par le client.

343. Bonne réponse : d

a. Les estimations sont le fondement de l'analyse de gestion : les méthodes et modèles sont étudiés dans le programme.

b. Les méthodes paramétriques déterminent la meilleure corrélation entre les coûts et leurs variables explicatives. L'analyse Excel permet de déterminer droites de tendance, meilleures corrélations et fonctions.

c. On part d'un produit de référence et on calcule les coûts des autres productions (proches) par analogie ou par équivalence.

344. Bonne réponse : d

a. L'objectif n'est pas de minimiser les coûts, mais de « dépenser » pour ce que « le client le voit ».

b. Entre « le coût cible et le coût estimé », le produit est conçu pour satisfaire au maximum les attentes parfois non exprimées des clients.

c. Entre le coût « réalisé et estimé », le coût de production doit être sous contrôle pour réduire au minimum non pas les coûts mais les écarts.

345. Bonne réponse : d

D'autres définitions existent mais les quelques définitions de ces auteurs permettent de bien définir les tableaux de bord, sauf pour le *Balanced scorecard* hors programme.

346. Bonne réponse : d
Même réponse : d'autres définitions existent mais les quelques définitions de ces auteurs permettent de bien définir les tableaux de bord, sauf le *Balanced scorecard*.

347. Bonne réponse : d
Le tableau de bord pourrait être conçu pour un responsable opérationnel qui souhaite suivre l'activité de son unité de production de façon hebdomadaire à l'aide d'indicateurs physiques afin de pouvoir agir rapidement en cas de dérive par rapports aux objectifs fixés.

348. Bonne réponse : a
a. Quand l'établir et le mettre à jour ? = spécifier son degré de réactivité.
b. Comment l'établir ? = spécifier la nature des données.
c. C'est une interface *top down* et *bottom up*.

349. Bonne réponse : a
a. Il délivre une information tardive car les données sont issues du reporting comptable.
b. Il n'est pas utile pour le pilotage opérationnel.
c. Il permet la remontée d'indicateurs standardisés au niveau supérieur et l'échange par les nouvelles technologies d'informations et de communications.

350. Bonne réponse : d
a. Il s'agit des coûts quantifiés car les coûts qualitatifs (climat social, relation client, etc.) sont difficiles à valoriser.
b. Les coûts ne sont justifiés que par des produits profitables, or le tableau de bord de coûts ne les révèle pas.
c. Le coût des éléments immatériels ne sont pas mesurés aisément (climat social, relation clients, image de la société, etc.).

351. Bonne réponse : d
a. Selon A. Fernandez (méthode GIMSI), le tableau de bord n'est pas un outil de contrôle (ce n'est pas par gratifications / sanctions qu'on va améliorer la performance).
b. Il n'est pas un outil d'animation de réunion (si la forme l'emporte sur le contenu, il est peu utile à la prise de décision. Il doit être utilisé au quotidien donc pas uniquement lors de réunions).
c. Il n'est pas un constat car si l'outil se limite à la comparaison du réalisé et du prévu, cela ne permet pas de réagir à temps.

352. Bonne réponse : d
a. Reporting = outil de contrôle car ce ne sont que des données quantitatives comptables et financières qui remontent le long de la ligne hiérarchique ; tableau de bord = outil de pilotage à partir d'informations quantitatives et qualitatives.
b. Reporting = destiné à la hiérarchie ; tableau de bord = destiné aux responsables opérationnels car c'est un outil de pilotage et pas seulement pour informer le niveau supérieur.
c. Reporting = données financières ; tableau de bord = données opérationnelles.
353 Bonne réponse : c
a. Est d'atteindre un but et non de simplement accomplir une tâche.
b. Est le résultat d'une volonté que le responsable doit être capable d'atteindre.

c. Se définit par le résultat à atteindre, les conditions d'obtention de la performance et le niveau jugé acceptable de cette performance.

354. Bonne réponse : d

a. Illustre et concrétise de manière quantifiée et datée la réalisation de la politique.

b. Concentre l'attention, l'énergie et développe la motivation.

c. C'est l'analyse des écarts.

355 Bonne réponse : a

a. S'exprime clairement et précisément pour motiver chacun.

b. Ne doit mesurer qu'une seule chose. S'il y a 2 variables, il faut donc 2 objectifs..

c. Un objectif quantitatif décrit un résultat mesurable ; un objectif qualitatif, un résultat observable.

356. Bonne réponse : d

a. L'indicateur doit avoir une réelle utilité ; si l'indicateur n'est qu'informatif, non.

b. Il doit être fidèle et sensible ; donc à même action, même réaction (comme des freins ou l'accélérateur d'une voiture). Si l'indicateur entraîne une réaction-action corrective, oui. L'indicateur doit être facile à mettre en œuvre et à moindre coût. Il doit être fidèle et sensible à 90 % au moins.

c. Avec quelle fréquence ? La rapidité de la diffusion est préférable à sa précision.

357. Bonne réponse : d

a. Exhaustif sur tous les axes stratégiques.

b. Cohérent par la complémentarité des indicateurs.

c. Synthétique par le nombre limité d'indicateurs.

358. Bonne réponse : d

En plus, certains indicateurs en desservent d'autres : pour améliorer les ventes, on baisse les prix… ce qui écrase les marges ; pour motiver le personnel, on augmente les primes… au détriment de la profitabilité, etc.

Annexe

Table de la loi Normale centrée réduite N(0, 1) : $P(X \leq t) = \pi(t)$

T	0	0,01	0,02	0,03	0,04	0,05	0,06	0,07	0,08	**0,09**
0	0,5	0,504	0,508	0,512	0,516	0,5199	0,5239	0,5279	0,5319	0,5359
0,1	0,5398	0,5438	0,5478	0,5517	0,5557	0,5596	0,5636	0,5675	0,5714	0,5753
0,2	0,5793	0,5832	0,5871	0,591	0,5948	0,5987	0,6026	0,6064	0,6103	0,6141
0,3	0,6179	0,6217	0,6255	0,6293	0,6331	0,6368	0,6406	0,6443	0,648	0,6517
0,4	0,6554	0,6591	0,6628	0,6664	0,67	0,6736	0,6772	0,6808	0,6844	0,6879
0,5	0,6915	0,695	0,6985	0,7019	0,7054	0,7088	0,7123	0,7157	0,719	0,7224
0,6	0,7257	0,7291	0,7324	0,7357	0,7389	0,7422	0,7454	0,7486	0,7517	0,7549
0,7	0,758	0,7611	0,7642	0,7673	0,7704	0,7734	0,7764	0,7794	0,7823	0,7852
0,8	0,7881	0,791	0,7939	0,7967	0,7995	0,8023	0,8051	0,8078	0,8106	0,8133
0,9	0,8159	0,8186	0,8212	0,8238	0,8264	0,8289	0,8315	0,834	0,8365	0,8389
1	0,8413	0,8438	0,8461	0,8485	0,8508	0,8531	0,8554	0,8577	0,8599	0,8621
1,1	0,8643	0,8665	0,8686	0,8708	0,8729	0,8749	0,877	0,879	0,881	0,883
1,2	0,8849	0,8869	0,8888	0,8907	0,8925	0,8944	0,8962	0,898	0,8997	0,9015
1,3	0,9032	0,9049	0,9066	0,9082	0,9099	0,9115	0,9131	0,9147	0,9162	0,9177
1,4	0,9192	0,9207	0,9222	0,9236	0,9251	0,9265	0,9279	0,9292	0,9306	0,9319
1,5	0,9332	0,9345	0,9357	0,937	0,9382	0,9394	0,9406	0,9418	0,9429	0,9441
1,6	0,9452	0,9463	0,9474	0,9484	0,9495	0,9505	0,9515	0,9525	0,9535	0,9545
1,7	0,9554	0,9564	0,9573	0,9582	0,9591	0,9599	0,9608	0,9616	0,9625	0,9633
1,8	0,9641	0,9649	0,9656	0,9664	0,9671	0,9678	0,9686	0,9693	0,9699	0,9706
1,9	0,9713	0,9719	0,9726	0,9732	0,9738	0,9744	0,975	0,9756	0,9761	0,9767
2	0,9772	0,9778	0,9783	0,9788	0,9793	0,9798	0,9803	0,9808	0,9812	0,9817
2,1	0,9821	0,9826	0,983	0,9834	0,9838	0,9842	0,9846	0,985	0,9854	0,9857
2,2	0,9861	0,9864	0,9868	0,9871	0,9875	0,9878	0,9881	0,9884	0,9887	0,989
2,3	0,9893	0,9896	0,9898	0,9901	0,9904	0,9906	0,9909	0,9911	0,9913	0,9916
2,4	0,9918	0,992	0,9922	0,9925	0,9927	0,9929	0,9931	0,9932	0,9934	0,9936
2,5	0,9938	0,994	0,9941	0,9943	0,9945	0,9946	0,9948	0,9949	0,9951	0,9952
2,6	0,9953	0,9955	0,9956	0,9957	0,9959	0,996	0,9961	0,9962	0,9963	0,9964
2,7	0,9965	0,9966	0,9967	0,9968	0,9969	0,997	0,9971	0,9972	0,9973	0,9974
2,8	0,9974	0,9975	0,9976	0,9977	0,9977	0,9978	0,9979	0,9979	0,998	0,9981
2,9	0,9981	0,9982	0,9982	0,9983	0,9984	0,9984	0,9985	0,9985	0,9986	0,9986

TABLE POUR LES GRANDES VALEURS DE t

t	3	3,1	3,2	3,3	3,4	3,5	3,6	3,8	4	4,5
π(t)	0,9987	0,999	0,9993	0,9995	0,9997	0,9998	0,9998	0,9999	1	1

La table donne les valeurs de p(t) pour t > 0.

Si t<0 →on prend le complément à l'unité de la valeur de la table : **π(- t) = 1 - π(t)**

Achevé d'imprimer par France Quercy, 46090 Mercuès
N° d'impression : 40435 - Dépôt légal : avril 2014

IMPRIM'VERT

Imprimé en France